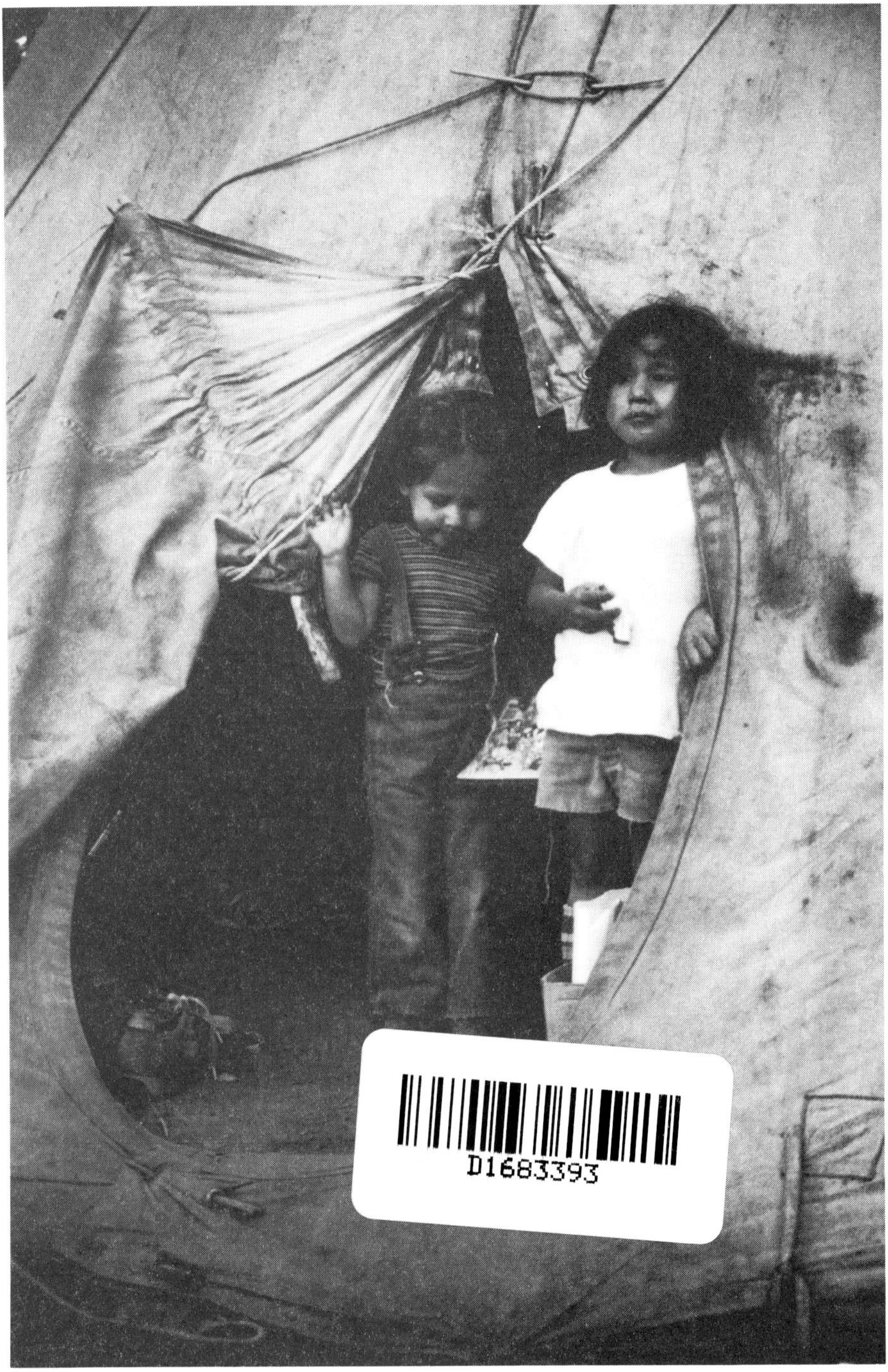

MARTIN NIZHONÍ

ICH LIEBE MEINE INDIANISCHEN WEGE

DIE WIEDERBELEBUNG DER HEILIGEN SIOUX – ZEREMONIEN

ALANO edition herodot

CIP-Titelaufnahme der Deutschen Bibliothek

Nizhoní, Martin:
Ich liebe meine indianischen Wege : die Wiederbelebung der heiligen Sioux-Zeremonien / Martin Nizhoní - 1. Aufl. - Aachen : Alano, Ed. Herodot, 1990
ISBN 3-89399-086-0

© by Alano Verlag/edition herodot
Kongreßstr. 5
D-5100 Aachen
Titelgestaltung: Scala Design, Aachen
Druck: Becker-Kuns, Aachen
Alle Rechte vorbehalten

1. Auflage
ISBN 3-89399-086-0

Inhaltsverzeichnis

Prolog   I-XIV

A. Einleitung
  I. Abriß der Lakota-Historie   1
  II. Die gegenwärtige Situation
      und Ethnizität der Lakota   4
      a) Gegenwärtige Situation   4
      b) Ethnizität   6

B. Hauptteil
  I. Anmerkungen zum Weltbild und
     Zeremonialwesen   11
     a) Weltbild   11
     b) Zeremonialwesen   14
  II. Die Träger der Erneuerungsbewegung   17
      a) Die Bewegung   17
      b) Das Beispiel "Yellow Thunder Camp"   21
      c) "In the Spirit of Crazy Horse"   22
  III. Die Rolle der "Medizinmänner"   24
       a) Die "medicinemen"   24
       b) Der Zeremonialhäuptling Fools Crow   25
  IV. Revitalisierte Elemente des
      Zeremonialwesens   28
      a) Ptehincala hu cannupa- die Büffelkalb-
         knochenpfeife   28
      b) das rituelle Rauchen der cannupa
         wakan   32
      c) Inikagapi- die Schwitzhüttenzeremonie   38
      d) Hanbleceya- die zeremonielle
         Visionssuche   45
      e) Wi wanyang wacipi-
         die Sonnentanzzeremonie   50

1.	Der Sonnentanz in der Präreservations-Ära	50
2.	Die ursprüngliche Sonnentanzzeremonie der Oglala nach Walker	52
3.	Die Repression der Zeremonie durch die dominante Gesellschaft	60
3.1.	John G. Bourke.über einen Sonnentanz von 1881	60
3.2.	Das Verbot des Sonnentanzes	61
3.3.	Die Aufhebung des Sonnentanzverbotes	63
4.	Der revitalisierte Sonnentanz	64
4.1.	Die Rückbesinnung auf den sakralen Charakter	64
4.2.	Die Errichtung des Sonnentanzlagers	66
4.3.	Das Verbot von Bild- und Tonträgern	68
4.4.	Sonne und Regen	70
4.5.	Der heilige Baum	71
4.6.	Der viertägige Sonnentanz	72
4.7.	Bedeutung und Aufgabe der Zeremonie	77
f)	Die Yuwipi- Zeremonie	79
V.	Beharrung und Wandel	83

C. Schlußbetrachtung 87

Bibliographie 91

Appendix I: Photographien des Autors 96
Appendix II: Die Lakota zwischen Gestern und Morgen (Nachwort von Susanne Einfeld). 118

Prolog

> "I think that throughout Native North America we will see people reading ethnographic accounts of the traditionel religious rithes of their tribes and performing them. No matter how tolerant or how inclusive Christians sects may be - for example, using the Sacred Pipe in their rituals, and Indian designs in their churches and priestly garb - there is always something lacking for American Indian people, who are searching not so much for identity as for a viable, believable system - an orientation for something that will guide them through their lives. The sacred sphere of native life must be restored."
> (Die Lakota-Anthropologin Beatrice Medicine, 1982)

Als ich am 23. April 1987 völlig übermüdet im Flughafen von Chikago eintraf, fanden es die Grenzbeamten suspekt, daß der junge Mann mit den langen Haaren kein Rückflugticket besaß. Wohin ich denn reisen wollte? Ich erklärte, ich würde eine befreundete Navajo-Indianerin auf einem Reservat in South Dakota besuchen. Ein Rückflugticket hätte ich deshalb nicht, weil ich später nach Mexiko und schließlich nach Kolumbien weiterwolle, von wo aus ich dann nach Deutschland zurückfliegen würde. Das mit der "Indian" fand der zuständige Beamte interessant, meinen selbstgemachten Rucksack ebenfalls; ich erhielt die Erlaubnis, für sechs Monate in den USA zu bleiben. Vor der "Greyhound"-Busstation - es war schon Abend - versuchten ein paar baumlange Schwarze, mich auf dilletantische Weise zu bestehlen, was mich dazu bewog, in ein Taxi zu springen und in einem Hotel Ruhe zu suchen. Aus meinem Fenster im fünften Stock schaute ich auf Chicago bei Nacht und träumte von sternklaren Nächten bei den Menschen, die schon hier lebten, bevor Colombo in

See stach, um eben nicht dahin zu segeln, wo der Pfeffer wächst.

Wie hatte es so weit kommen können? - Mein Interesse an "fremden" Kulturen, speziell an solchen, für die die Wissenschaft immer neue Oberbegriffe erfindet (Naturvölker, schriftlose Völker, Stammeskulturen usw.), war schon in meiner Kindheit ausgeprägt. Die Indianer Nordamerikas, besser gesagt die historischen Bilder, die von ihnen in der mir zugänglichen Literatur gezeichnet wurden, gingen mich besonders an. Später begann ich mich mit der gegenwärtigen Situation bedrohter Ethnien zu befassen; allmählich wurde mir bewußt, daß mein Interesse an anderen Lebensweisen auch damit zusammenhing, daß ich mich mit der Kultur/Zivilisation, in die ich "geworfen" war und gerade automatisch enkulturiert werden sollte, nicht problemlos identifizieren konnte, daß ich Alternativen finden wollte. Betroffen über die in jeder Beziehung bedrohte Lage der marginalen Kulturen in aller Welt, begann ich, mich an der Unterstützungsarbeit für sie zu beteiligen.

1982 reiste ich nach Kanada und in die USA, um selbst zu erleben, wie die indianische Wirklichkeit heute aussieht. Nur knapp vier Wochen war ich unterwegs, doch die Erfahrungen dieser Zeit waren mitentscheidend dafür, daß ich bis dato einen großen Teil meines Lebens der Beschäftigung mit Ethnien, überwiegend in Amerika, gewidmet habe. Bei den Blood-Indianern in Alberta besuchte ich ein **Powwow**, bei dem Ureinwohner aus ganz Nordamerika vertreten waren und lernte u.a. besagte Navajo kennen, die mich spontan mit einem Navajo-Namen versah. Beim Trampen auf dem Reservat wurde ich vom "head" des gerade stattfindenden Sonnentanzes aufgelesen und eingeladen, zum Sonnentanzplatz zu kommen, wo dann ein alter, fast tauber Medizinmann eine Segnungszeremonie für mich abhielt. Im **Yellow Thunder Camp** in den Black Hills begannen meine ersten konkreten Kontakte zu den Indianern, mit denen sich diese Arbeit beschäftigt. Als ich wieder nach Deutschland flog, befanden sich in meinem Gepäck allerlei Geschenke, die ich von **natives** erhalten hatte. Ich war gekommen, und sie hatten mir die Türe aufgemacht und mich in ihren Bann geschlagen - so sehr, daß ich in der ersten wieder in Deutschland verbrachten Nacht eine Traumvision im Zusammenhang mit den Lakota hatte, deren psychosomatische Kraft mich aus dem Schlaf riß. - In den folgenden Jahren flog ich zweimal nach Kolumbien, wo es mich ebenfalls zu den existenziell bedrohten **indigenas** hinzog, bei denen ich u.a. Erfahrungen mit Menschen machte, die wir Schamanen nennen.

Der Leser wird bereits gemerkt haben, wes Geistes Kind der Verfasser ist. Das ist auch die hinter diesen biographischen Fragmenten steckende Absicht. Ein Ethnologe sollte sich nicht hinter dem von ihm Produzierten verstecken, sondern, innerhalb der von ihm gesteckten Grenzen, selbst Informant sein bezüglich der subjektiven Bedingungen seiner Ergebnisse, insbesondere dann, wenn diese auf seiner unleugbar subjektiven Empirie fußen. Das "Was der Professor nicht gesagt hat"[1], das was Malinowski bis nach seinem Tod nicht publik haben wollte, das was Lévi-Strauss uns in "Tristes Tropiques" nicht verschwieg, ist ein wichtiger Schlüssel für die Rezeption des "eigentlichen" Werkes. Der Fall Mead-Freeman hat dies unter anderem deutlich gemacht.

Deshalb möchte ich hier auch kurz auf die zirka sechs Monate eingehen, die ich nach meiner Ankunft in Chicago hauptsächlich auf den Reservaten der Lakota, Northern Cheyenne, Navajo und Hopi verbrachte. Der Terminus "Feldforschung" will mir nicht so recht über die Lippen, da ich mit "Forschung" Objekte assoziiere, in unserem Fall also zu Forschungsobjekten erklärte Menschen. Ich betrachte Persönlichkeiten einer Ethnie, mit denen ich in Beziehung trete, nicht als Studienobjekte oder bloße Informanten, sondern primär als Mitmenschen, mir denen mich etwas verbindet, mit denen ich mich austausche; Karl H. Schlesiers Konzeption einer "neuen Kulturanthropologie" ist mir sympathisch.

Das selbstgestellte Thema war mit Revitalisation versus Akkulturation am Beispiel verschiedener Stämme grob umrissen. Schließlich würde sich ja erst im Feld zeigen, wo und wozu genau ich Zu-

---

1) Untertitel des Aufsatzes "Ritual und Geheimnis: Über die Kunst der Medizinmänner" von Ake Hultkrantz, in H.P. Duerr(Hrsg): "Der Wissenschaftler und das Irrationale", Bd.1, 1981:73-97.

gang erhalten würde. Die Finanzierung meiner Spesen übernahm mein Vater, der Verständnis für meine an mich gestellte Forderung, ich müsse mit den Menschen, über die ich schreiben wolle, zusammengelebt haben, zeigte. Eine Aussicht auf ein Stipendium hatte ich aufgegeben, denn ich war für "Promotion ohne Abschluß" eingeschrieben, ein akademischer Abschluß aber stellte die Voraussetzung für eine Förderung dar. (Ironie des Schicksals: Erst als ich nach Freiburg zurückkehrte, erfuhr ich, daß der Magister dort mittlerweile Voraussetzung für die Promotion ist. So entstand letztlich das Thema dieser Arbeit.)

In den USA bewegte ich mich mit Bussen voran,oder,wo diese endeten, per Anhalter bzw. sich ergebender Mitfahrgelegenheiten. Immer dabei war mein mobiles Zuhause: Campingzelt und Schlafsack. Je nach Gegebenheiten übernachtete ich in meinem Zelt oder im Haus, Zelt, Tipi, Hogan meiner Gastgeber/-innen, nur dreimal stieg ich in einem Motel ab. Die meiste Zeit verbrachte ich auf der **Pine Ridge**, **Cheyenne River** und der **Navajo Indian Reservation**. Ab und an mußte ich auch Abstand nehmen von den indianischen Gemeinschaften; dann für ich beispielsweise zum immer noch äußerst rudimentären Crazy Horse Monument ("FREE COFFEE - a Crazy Horse tradition for over 37 years") oder zum Grand Canyon.

Für Indianer wie Weiße war ich schwer in eine Denkkategorie einzuordnen. Die Vermutungen reichten von "Indian" über "anthropologist/writer" bis zu "spy". Letztere bekam ich im Rahmen der Hopi/Navajo- Zwangsumsiedlung zweimal zu hören: Ein alter Hopi, mit dessen Sohn ich mich angefreundet hatte, präsentierte mir folgenden Syllogismus:"You don´t look like a German, you don´t look like an Indian - you are a spy." Ein Diné (Navajo) in der Big- Mountain-Region sagte mir, während wir seinen Kaffee schlürften:" My wife thinks that you are a spy...The FBI is very tricky." Andere wiederum beteten in der Schwitzhütte oder im Peyote-Tipi für mich und darum, daß ich das, wonach ich anscheinend auf der Suche war, finden möge. Ich selbst wollte der respektvolle, solidarische, aber nicht unkritische, (an-)teilnehmende Lernende sein, immer bereit, mit anzupacken, wo dies möglich war. Daneben photographierte ich gelegentlich und sammelte Informationsmaterial für eine Unterstützergesellschaft in der BRD.

Eine tiefe Sympathie verband mich zu den Lakota, die soweit ging, daß ich auf vereinzelte Aggressionen Betrunkener mir gegenüber mit Verständnis reagierte. Denn die produzierte materielle Armut der Lakota schreit zum Himmel; ihr geistiger Reichtum, ihr kultureller Widerstand, verbunden mit einem nicht unterzukriegenden Humor in allen Lebenslagen, verdient Hochachtung. Doch nicht Respekt - eine von Traditionellen oft gebrauchte Vokabel - wird ihnen von Seiten der angloamerikanischen Gesellschaft zuteil, sondern Diskriminierung, hinter der sich Schuldgefühle und Angst verbergen. Vine Deloria, 1933 auf dem Pine-Ridge-Reservat geboren: "Ungefähr alle zwanzig Jahre machen sich die Amerikaner zu einer spirituellen Reise in den Westen auf und suchen das Echte. Die Preise für indianische Töpferwaren und Schmuckgegenstände erreichen astronomische Höhen; die Regale der Buchläden biegen sich unter der Last zahlreicher Anthologien der blumigsten historischen Reden alter Häuptlinge... Aber an der Art und Weise, wie die Indianer in der amerikanischen Gesellschaft behandelt werden, hat sich nicht das Geringste geändert. Überall verachtet als faul, rückständig, unfähig, unwissend, dreckig, trunksüchtig und parasitär, sind die Indianer die Opfer einer systematischen Beraubung und Diskriminierung..." (1981: 514-515).

"Fucking Indian", "worthless Indian", "drunken Indian" - mehr als einmal habe ich diese Pejorative nicht nur in South Dakota aus dem Munde weißer Amerikaner gehört. In Süddakota ist der dialektische Rassismus ohne "Aufhebung" zwischen Sioux und Weißen extrem, besonders in den an die Reservate angrenzenden Gebieten. Der Wilde Westen original:"Rednecks"[1] kontra "Indians" und umgekehrt. Als ich an einer Tankstelle unweit von "Red Cloud´s land" (Pine-Ridge-Reservat) nach dem Weg nach Wanblee fragte, lautete die Warnung, ich wäre dort wohl nicht willkommen. Im Reservat nestelte sich meine

---

1) Argot für weiße Farmer, wegen ihrer von der Sonne verbrannten Nacken.

amerikanische Begleiterin nervös ihre Adlerklauen-Ohrringe vom Ohr: "The Indians might not like it." Auf der einsamen Straße Richtung **Cheyenne River Reservation** traf ich einen Farmer: Ah, du willst sehen, wie wir unsere armen unterdrückten Indianer ausbeuten, schloß er und machte die Tür zu, und ein Mechaniker deutscher Abstammung erklärte mir, er ginge nur mit Colt und Bowie-Messer ins Reservat.

Zwei junge Frauen fuhren mich bis ins **Yellow Thunder Camp** in den Black Hills - ich hatte kaum Zeit, mich zu verabschieden, da hatten sie auch schon abgedreht. "Because we are Indians", erklärten mir die Lakota, von denen ich erfuhr, daß man sie in Rapid City gelegentlich mit "savage" anredet. (1987 spielten AIM-Vertreter mit dem Gedanken, einen indianischen Wirtschaftsboykott über Rapid City zu verhängen.) Einer, der in Texas einmal, für einen **wetbag**[1] gehalten, in ein Polizeiauto bugsiert worden war, erzählte mir von einer Attacke auf das Camp: Ich saß in meinem Tipi, als von der Klippe aus auf uns geschossen wurde. Eine Kugel schlug gegen die Kaffeekanne und ich rannte den Abhang hoch. "So what did you do?" fragte ich. "We fired back." Die Freilichttheateraufführung der Schlacht am Littel Bighorn gibt es längst nicht mehr. "It got too rough", erklärte mir ein Weißer; die 7.Kavallerie wollte einfach nicht verlieren.

Aber auch die Gewalttätigkeiten unter den Lakota sind nicht zu verachten. Während einer meiner ersten Nächte auf **Pine Ridge** kam eine Frau, mit von ihrem betrunkenen Mann angeschlagenen Rippen, hilfesuchend zu meinem Gastgeber. Einmal fragte ich eine Gastgeberin, die sich um mich kümmerte, als ich an einer schweren Grippe erkrankt war, weshalb bei einigen ihrer Stühle die Sitzkissen fehlten.Nun,die waren bei einer wilden Schlägerei unbrauchbar geworden.

Trotz massiver Unterdrückung haben sich die Lakota nicht assimilieren lassen. Zwar sind sie auf materieller Ebene stark angepaßt,

---

1) Argot für illegal eingewanderte (durch den Rio Grande geschwommene) Mexikaner.

sofern das ihnen, die zu den Ärmsten in den USA gehören, überhaupt möglich ist, doch vieles aus ihrer alten Plains-Kultur hat den Ethnozid überlebt. Die Reservate, als Freiluftgehege für "Wilde" konzipiert, bilden den von ihnen verteidigten Lebensraum ihrer kulturellen Eigenständigkeit. Eine wachsende Rückbesinnung auf die Lebensweise ihrer Vorfahren, speziell auf die **sacred ceremonies**, ist ihre Antwort auf ihre unbefriedigenden Lebensumstände. Von der Revitalisation einiger Zeremonien handelt diese Monographie, die sui generis eine rationale, intentional "objektive" Darstellung ist. Aus dem Gesagten heraus ist es wohl einsichtig, weshalb ich es möglichst vermieden habe, Namen von lebenden Personen zu nennen beziehungsweise genaue Ortsangaben zu machen. Damit sich der Leser keine falschen Vorstellungen von der Atmosphäre bei solchen Zeremonien macht, sei gesagt, daß es dabei nicht wie bei einer allem Weltlichen entrückten Messe zugeht. "My dog´s name is Scheißkopf", meinte ein, einen Sonnentanz leitender **medicine man** in einer Tanzpause zu mir, "Do I pronounce it right: Scheißkopf?"

"...it would be wise for anthropologists to get down from their thrones of authority and PURE research and begin helping Indian tribes instead of preying on them. For the wheel of Karma grinds slowly but it does grind finally. And it makes a complete circle." (Deloria 1970:104) - Manchmal frage ich mich, was dienlicher ist: Die Dokumentation kulturellen Widerstands oder das Bereiten eines Feuers für die Schwitzhüttenzeremonie...

Freiburg, den 27.2.1989

Für Lorena
die immer dabei war –
ohne dabei gewesen zu sein

Mein besonderer Dank gilt Herrn Professor Ulrich Köhler für seine kritische Durchsicht des Manuskripts, sowie Violetta Högyi und Juliane Hummel für ihre unermüdliche Hilfe beim Erstellen der Druckvorlage.

A EINLEITUNG

I. Abriß der Lakota-Historie

"Lakota" ist die Eigenbezeichnung eines Teils der Sioux-Indianer[1], die zu den Ureinwohnern der heutigen USA gehören. Die Sioux bzw. Konstituenten der **Oceti Sakowin** (d.h. Sieben Ratsfeuer), als welche sich die Sioux als Entität selbst begriffen, lassen sich in drei Dialekt-Gruppen unterteilen: Dakota, Nakota und Lakota[2]; diesen Eigenbenennungen entsprechen die in der Literatur ebenfalls gebräuchlichen Termini Santee oder Eastern Sioux, Yankton oder Middle Sioux bzw. Teton oder Western Sioux (Powers 1982:11).

Im 17. Jahrhundert lebten die Sioux als halbseßhafte Jäger, Sammler und Gartenbauern südlich der Großen Seen im heutigen Bundesstaat Minnesota. Die **Titonwan**, wovon sich die verkürzte Form Teton ableitet, bildeten eines der Sieben Ratsfeuer. Die oben genannten drei Gruppen mit voneinander abweichenden Lebensräumen, Subsistenzweisen und Dialekten ergaben sich erst durch die Westwanderung der Sioux im 18. Jahrhundert (Howard 1966:3).

Die Migration des Lakota sprechenden Teils in die nördlichen und zentralen Plains evozierte einen einschneidenden Kulturwandel: Die ehemaligen Waldlandbewohner, die allein den Hund als domestiziertes Lasttier kannten, transformierten sich westlich des Mississippi durch den Erwerb des Pferdes um 1750 in mobile Jäger des amerikanischen Bisons, der primären Subsistenzgrundlage aller Plainskulturen; sie wuchsen zur bevölkerungsmäßig größten Sioux-Untergruppe (Nurge 1975:XII-XIV). Die Lakota differenzierten sich, aus emischer Perspektive, in sieben Untergruppen: **Oglala, Sicangu, Hunkpapa, Mnikowoju, Itazipco, Oohenunpa** und **Sihasapa** (Powers 1982: 25-26).

---

1) "Sioux" stammt etymologisch von der pejorativen Bezeichnung der **Oceti Sakowin** durch die Ojibwa; das Suffix wurde von den Franzosen zu "Sioux" verfremdet (Powers 1982: 5). "Sioux" wird auch zur Bezeichnung einer Sprachfamilie verwendet (Lindig 1985: 144).
2) Dakota/Nakota/Lakota meint soviel wie Freund oder Verbündeter (DeMallie 1971: 106-107).

Die autonome Lebensweise der Lakota wurde im 19. Jahrhundert von den euroamerikanischen Invasoren zerstört. Die Expansion der Kolonisten in ihren Lebensraum konnten die Indianer weder mit militärischen noch mit vertragsrechtlichen Mitteln unterbinden. 1868 unterzeichneten Vertreter der Lakota einen Friedensvertrag, der ihnen die " Great Sioux Reservation" garantierte. 1874 drangen Goldsucher in die zum Reservat gehörenden Black Hills ein, und als die Versuche der US- Regierung , die Black Hills zu kaufen, erfolglos blieben, befahl 1875 der " Commissioner of Indian Affairs" den Indianern des " unceded territory", sich entweder bei ihren Agenturen zu melden, oder sich als feindlich deklariert zu betrachten (Stands in Timber 1972: 181). Daraus resultierten weitere Gefechte zwischen US- Truppen und Lakota- Abteilungen sowie deren Verbündeten. 1876 kam es zur Schlacht am Little Bighorn, bei der die 7. Kavallerie unter Oberst Custer völlig vernichtet wurde (Lindig 1985: 172-173).

Doch das Ende der Bisonjägerkultur war längst determiniert: 1880 waren die Büffel bis auf wenige Exemplare ausgerottet, und sämtliche Lakota- Gruppen sahen sich gezwungen, als Kriegsgefangene im Resevat Lebensmittelrationen entgegenzunehmen (Macgregor 1975: 96-97). Es war das Ziel der Regierung, die authentischen Institutionen der Lakota aufzulösen und sie in christianisierte Farmer zu verwandeln (Meekel 1943: 198). Es wurde ihnen verboten, ihre Bräuche auszuüben, die Folge war der schnelle Verlust der Stammesmoral und Integrität (Standing Bear 1978: 177).

1889 wurde die " Great Sioux Reservation" aufgelöst und den Lakota wurden fünf bedeutend kleinere Reservate in Nord- und Süddakota zugewiesen (Macgregor 1946:32). Um die Jahrhundertwende wurden diese Ländereien, nach dem " Dawes Allotment Act" von 1887, in Privatgrundstücke parzelliert und die übrigen zwei Drittel " Surplus Land" an Weiße vergeben (Macgregor 1975: 97-98; Schwarzbauer 1986: 81). Ab 1889 partizipierten die Lakota an der sogenannten Geistertanzbewegung auf den nördlichen Plains; dieser Revitalisationsversuch endete mit dem Massaker einer Gruppe **Mnikowoju** am Wounded Knee 1890 (Mooney 1965:88-136). 1934 wurde das Gesetz zur Reorganisierung der Indianer erlassen, welches die Allotment-Politik terminierte, das Verbot religiöser Zeremonien aufhob und die (Lakota-) Stammesregierungen nach dem Muster der dominanten Gesellschaft einrichtete (Useem 1975:9).

1973 wählten Oglala- Lakota die Ortschaft Wounded Knee, um gegen ihren vom " Bureau of Indian Affairs" gelenkten Stammesrat zu protestieren. Sie forderten eine Untersuchung aller Verträge zwischen Bundesregierung und Ureinwohnern. Die einundsiebzig Tage anhaltende Belagerung der Demonstranten durch nationale Streitkräfte brachte die Situation der indianischen Minoritäten ins Bewußtsein der Weltöffentlichkeit (Talbot 1988:62-63).

1980 urteilte der Oberste Gerichtshof der Vereinigten Staaten über die illegalen Methoden, mit denen die Black Hills 1877 in US-Eigentum überführt worden waren:" Einen ungeheureren und gröberen Fall von unehrenhaftem Handeln wird man aller Wahrscheinlichkeit nach in unserer Geschichte nicht finden."(Schwarzbauer 1986:81) Die offerierte finanzielle Entschädigung lehnten die Lakota, die das Verfahren " United States versus Sioux Nations of Indians " angestrengt hatten, ab. Bis heute fordern verschiedene Gremien der Lakota die Rückgabe der Black Hills beziehungsweise des 1868 vertraglich festgelegten Territoriums.[1]

---

1) Der Umfang dieser Arbeit gestattet es nicht, einen detaillierteren geschichtlichen Rückblick zu geben. Ich möchte hervorheben, daß dieser Abriß die westliche Konzeption von Zeit beziehungsweise Historie impliziert. Das Zeitbewußtsein der Lakota orientierte sich an den sinnlich wahrnehmbaren zyklischen Veränderungen ihrer natürlichen Umwelt. Ereignisse der Vergangenheit wurden mündlich tradiert. Als mnemotechnische Hilfe dienten sogenannte Winterzählungen (**"Waniyetu iywapi"**): Winter für Winter wurde ein als besonders relevant betrachtetes Vorkommnis des vergangenen "Jahres" piktographisch festgehalten, meist in Form einer Spirale(DeMallie in: Walker 1982:111-115).

II. Die gegenwärtige Situation und Ethnizität der Lakota

a) Gegenwärtige Situation

Die Reservate der Lakota liegen im Bundesstaat South Dakota. Sie heißen **Standing Rock** (z.T. zu North Dakota gehörend), **Cheyenne River, Lower Brule, Pine Ridge** und **Rosebud Indian Reservation**. Wie wir oben gesehen haben, sind diese Reservate durch die Auflösung der " Great Sioux Reservation" sowie durch das Landzuweisungsgesetz entstanden. Der größte Teil dieser Landfläche wird von der Regierung treuhänderisch verwaltet, wirtschaftlich genutzt wird es überwiegend von weißen Pächtern, u.a. deshalb, weil die Lakota nicht über die entsprechenden Geldmittel verfügen.

Die Menschen, die sich heute zu den Lakota zählen[1], sind, nach dem Snyder- Gesetz von 1924, Staatsbürger der USA. Sie leben sowohl auf den Reservaten als auch außerhalb deren Grenzen, oft in Städten; in den fünfziger Jahren unter Eisenhower wurden Indianer urbanisiert, mit der Intention, sie schneller zu assimilieren (Useem 1975:9). Auf die panindianischen Prozesse in den Städten, aus denen 1968 das " American Indian Movement (AIM)" hervorging, gehen wir nicht näher ein, da der Schauplatz der von uns betrachteten zeremoniellen Handlungen in erster Linie das Reservat ist. Diejenigen Lakota, die ihr Reservat verlassen haben, geben ihre Beziehungen zu diesem nicht auf, sondern reisen beispielsweise von Kalifornien an, um am sogenannten Sonnentanz teilzunehmen.

---

1) Nach der Studie des Bureau of Indian Affairs "The American Indians. Answers to 101 Questions " gibt es keine allgemeine gesetzliche oder gerichtliche Definition von "Indianer". Eine Person, die im Zensus der USA als "Indianer" ausgewiesen ist, hat sich im allgemeinen selbst als solcher erklärt (Schmidt 1980: 131). Vom " United States Department of Commerce" werden gegenwärtig ca. 60.000 Menschen zu den Lakota gezählt (Schwarzbauer 1986:12).

Die Lebensbedingungen der indianischen Reservationsbewohner liegen weit unter dem durchschnittlichen Lebensstandart in den USA, die Kürzungen der staatlichen Sozialleistungen nach Ronald Reagans Amtsantritt haben die Armut noch vergrößert (Talbot 1988:320). Die Unterkünfte in den ländlichen Gemeinschaften bestehen meist aus einfachen Holzhäusern (Blockhütten) ohne sanitäre Einrichtungen, manchmal auch aus ausrangierten Wohnwagen. Die Fertighäuser des "Federal housing project", die man in Ortschaften vorfindet, werden den strengen Wintern Süddakotas ebenfalls nicht gerecht, die Räumlichkeiten sind oft überbelegt. Da es kaum Arbeitsplätze gibt, existiert die überwiegende Mehrheit der Lakota von Wohlfahrtsgeldern, "food stamps" und "commodities" in Form von konservierten Nahrungsmitteln aus der Überschußproduktion des "United States Department of Agriculture". Kostenlose medizinische Versorgung ist eine der garantierten Dienstleistungen für Indianer[1], realiter jedoch sind die Leistungen des "Indian Health Service" unzureichend. In den siebziger Jahren wurden Fälle von willkürlichen Sterilisationen an Lakota-Frauen bekannt, eine Form subtilen Genozids.

Übermäßiger Alkoholgenuß, der mit Apathie und Frustation einhergeht, führt bisweilen zu kriminellen Handlungen und Unfällen. Besteht auf einem Reservat Alkoholverbot, schmuggeln ihn sogenannte "bootleggers" herein. Nach einer 1987 von der Zeitung "Arizona Republik" durchgeführten nationalen Umfrage "What is the greatest problem facing Indians today?" antworteten 43,3 Prozent der befragten Indianer mit: "Alcohol/Drug abuse".

Die gewählten "Tribal Councils" der einzelnen Reservate sind keine autonomen Regierungen, sondern müssen sich dem Büro für indianische Angelegenheiten gegenüber verantworten, welches zum In-

---

[1] Um Dienstleistungen des Büros für indianische Angelegenheiten in Anspruch nehmen zu können, "muß eine Person auf oder nahe einer Reservation, oder auf oder nahe treuhänderisch verwaltetem Land (...) leben, Mitglied eines von der Bundesregierung anerkannten Stammes, Verbandes oder einer Gruppe von Indianern und in bestimmten Fällen zu einem Viertel indianischer Abkunft sein..." (Schmidt 1980:131).

nenministerium gehört. Seit dem "Indian Self- Determination and
Education Assistance Act" von 1975 ist es den Lakota gestattet, die
Ausbildung ihrer Kinder selbst zu verwalten. Indianische Lehrkörper
werden in den Schulen bevorzugt, das Kulturgut der Lakota wird
nicht mehr radikal negiert, sondern ist Bestandteil des Lehrplans.
Das Recht auf freie Religionsausübung wurde den Ureinwohnern der
USA erst 1978 gesetzlich zugesichert (ebd.: 328-329).

Zentrales Anliegen in der Politik der Lakota sind nach wie vor
die Black Hills bzw. die Vertragskonditionen von 1868. Verschiedene Zusammenschlüsse wie etwa das "Black Hills Steering Commitee"
oder der "Black Hills Sioux Nation Council" versuchen zur Zeit,
über Gesetzesentwürfe die Teile der Black Hills zurückzuerhalten,
die noch nicht in Privatbesitz gelangt sind. "We are the poorest
people of this country", sagte mir die Sekretärin des "Black Hills
Sioux Nation Council", "we should be the richest!".

b) Ethnizität

Bisher haben wir stets von "den Lakota" gesprochen, wir haben
stillschweigend postuliert, es handele sich nach wie vor um eine
Menschengruppe, die nicht in den amerikanischen "melting pot" gewandert ist, d.h. eine, wie auch immer geartete Ethnizität bewahrt
hat, mit deren ideellen wie phänomenalen Inhalten sich die Mitglieder dieses Kollektives identifizieren. Wodurch charakterisiert sich
die Ethnizität der Lakota, welche über Generationen[1] hinweg kontinuierlichem Genozid und Ethnozid ausgesetzt waren und sind?

Geben wir ihnen selbst zuerst das Wort, genauer gesagt, ihren
Delegierten für das 4.Russel Tribunal 1980 in Rotterdam, den
"Chiefs and Headmen of the Oglala Nation": "The Lakota Nation is,

---

1) "Generation" ist hier im Sinne von ca. dreißig Jahren verwendet.
Nach DeMallie umfaßte das Lakota-Konzept von Generation,"wicoicagé,
siebzig Jahre, die Lebensspanne eines alten Menschen (Walker 1982:
112).

as are other nations, unique. We are bound by history, language, tradition and spirituality which has been ours from the beginning. Historically we are a plains people. Plains people who managed to attain a specific relationship with the land, the winged, the four-legged, the ones which crawl on the ground, the ones which live in the waters. We are related to ALL life. That relationship was forged with the land and from the land we receive the foundation for our spirituality. The Black Hills, the Sacred Paha Sapa, was and continuous to be the focus of a spiritual cohesion for the Lakota nationality. Our language is still spoken by some of our people and it is daily growing stronger, our spirituality is intact and as more of the people return to the ways of our forefathers it is growing stronger. Some of our land still belongs to us, some of our sovereignty, the right of Lakota nationals to decide how we will live, has been stolen by the United States. Although we resisted and continue to resist encroachments by that government, we wish to struggle alone no longer. Should we, the caretakers of the Western Hemisphere, be allowed to perish, who can rightfully claim the right to exist on the sacred land which the Great Spirit entrusted us to watch over." (Ismaelillo/Wright 1982:120).

Nach dieser Selbstdarstellung sind die Lakota eine prinzipiell souveräne Nation[1] bzw. ein Volk, von anderen unterschieden aufgrund seiner Historie und originären Kultur; seiner spezifische Beziehung zur Biosphäre, ja zum Leben in seiner Totalität[2], ist hier als abgrenzendes philosophisches Kulturerbe eigens hervorgehoben. Die Black Hills, herzförmiges Zentrum der Lakota-Spiritualität, wurden ihnen von **Wakan Tanka** - gewöhnlich als **Great Spirit** ins Englische übertragen- anvertraut, sie sehen sich heute als Wächter der westlichen Hemisphäre. Die Petition, der dieser Auszug entnommen ist, wurde von einem Rat traditioneller Oglala vorgetragen. Sie plädier-

---

1) Hätten sich die Verfasser der Lakotasprache bedient, wäre wohl von **oyate** die Rede gewesen. Dieses Wort wird von den Lakota mit "nation" oder "people" übersetzt.
2) "Leben" beinhaltet in der Weltsicht der Lakota auch anorganische Phänomene.

ten unter anderem dafür, die traditionelle Führerschaft der Lakota habe diese zu repräsentieren, also nicht die durch einen exogenen Kulturwandel entstandenen Stammesräte. Sie geben die Sichtweise derjenigen Lakota wieder, die sich dem unleugbaren soziokulturellen Akkulturationprozeß entgegenstellen, die eine Rückkehr zu den Denk-und Handlungsweisen der Plainskultur propagieren und praktizieren und die Rückgabe ihres einstigen Territoriums verlangen. Augenfälligste Erscheinungen dieser nativistisch orientierten Bewegung sind die Vollzüge autochthoner Zeremonien sowie in den Black Hills errichtete Tipi-Camps, die einen Protest gegen deren ökonomische Explotation darstellen.[1]

Der Kulturverlust und die damit verknüpften Identitätsprobleme auf den Reservaten, wie auch außerhalb dieser, springen dem Außenstehenden jedoch zuerst ins Auge; auch läßt sich das Bild der Lakota als homogene Gruppe in der Praxis nicht halten. Hütten und Billighäuser, Fahrzeuge aus dritter Hand (und entsprechende Autofriedhöfe), nicht Tipis und Pferdeherden prägen das Bild der Reservate. Der Besucher von **Pine Ridge** beispielsweise wird zuerst mit den **winos**[2] Bekanntschaft machen, die ihn entweder anbetteln oder ihm eine indianische Handarbeit verkaufen wollen, um sich weiterbetrinken zu können. Er wird feststellen, daß die Lakota, deren Alltagskleidung von der der dominanten Gesellschaft wenig abweicht, sich sprachlich auf Englisch verständigen, und an der gebräuchlichen Dichotomie **full-bloods - mixed-bloods/ half-breeds** erkennen, daß Mischehen zu einer Spaltung geführt haben. Die obengenannten Formen der Rückbesinnung werden vor neugierigen Touristen und Anthropologen ferngehalten; nur wer eine geistesverwandte Beziehung zu den Trägern dieser Bewegung besitzt, macht Erfahrungen in diesem Bereich der heutigen Lakota-Ethnizität.

---

1) So etwa das 1981 gegründete **Yellow Thunder Camp**, oder das im Juli ˋ88 errichtete **Hoka Hey Tiospaye Camp** als Opposition zu geplanten Waffentests im Hells Canyon.

2) Argot für Alkoholiker.

Die Aufrechterhaltung der ethnischen Grenze ("ethnic boundary") ist nach F.Barth für die Kontinuität von ethnischen Einheiten entscheidend (1969:14-16). Sprachlich findet diese Grenze zwischen Lakota und weißen Amerikanern in der Dichotomie **Indian** - **white man** respektive **Lakota** - **wasicun**[1] ihren Ausdruck. William K.Powers sieht die Grenzen der heutigen (Oglala-)Lakota-Ethnizität als identisch mit denen ihres religiösen Systems, das für ihn ein Aspekt sozialer Organisation ist (1982:XIX). Dabei vernachlässigt er Ausdrucksformen der Oglala- bzw. Lakota-Identität, die nicht oder nicht mehr in den religiösen Bereich eingebettet sind, so etwa das **Powwow**, eine eindrucksvolle Präsentation des materiellen Kulturerbes, verbunden mit sozialen Tänzen. Individuen, die sich mit dem von Powers postulierten Glaubenssystem nicht identifizieren, sich nach anderen Kriterien jedoch zu den Lakota zählen, läßt er unberücksichtigt.

Nach meinen Erfahrungen von 1987 erfolgt die ethnische Abgrenzung der Lakota auf allen Ebenen menschlichen Ausdrucksvermögens, individuell oder gruppenspezifisch variierend. Sie transzendiert Lokalitäten und interne Differenzen. Eine Adlerfeder[2] im Auto, die traditionelle Haartracht[3], traditionelle Speisen, Kommunikation auf Lakota, **wasicun**-Witze, Kunst und Kunsthandwerk, **Powwows**, Zeremonien, politische Aktionen, Lakota-Medien etc. p.p. - sind nicht all dies Bekenntnisse eines ethnischen Selbst-Bewußtseins ? Nach den Worten eines älteren Traditionalisten ist es in den letzten Jahrzehnten gestiegen: " I don`t understand it - in the fifties we fought the half-breeds. Now they all want to be Indians."

---

1) **Wasicun** bezeichnet in der Sprache der Lakota den Weißen.

2) Ausschließlich Indianern ist es in den USA gestattet, Adlerfedern zu besitzen.

3) Ein Lakota, den ich fragte, warum er von Weißen zusammengeschlagen worden war, deutete auf seine beiden hüftlangen Zöpfe und sagte: "`Cause I`m an Indian."

Abschließend möchte ich dieses komplexe Thema anhand einiger persönlicher Erfahrungen, die für sich selbst sprechen, illustrieren: Während des Sonnentanzes auf dem Terrain des **Yellow Thunder Camp** in den Black Hills fragt ein Lakota in der Essenspause nach Butter. Von einer Ältesten bekommt er zur Antwort: "Butter? Nobody asked for that before the damned white man came." - Ein Lakota um die zwanzig läuft stockbetrunken im Reservat herum. Auf die kritische Bemerkung von Seiten eines Weißen reagiert er mit einem zugleich drohendem und klagenden Aufschrei: "Who brought alcohol to my people?!"Später entdeckt er eine Feder des "Golden Eagle" und steckt sie sich ins Haar. Seine Haltung wird stolz,er wiederholt mehrmals: "I am Lakota!" - Eine Lehrerin der Crazy Horse School in Wanblee, die Geschichte und Kultur ihres Volkes unterrichtet, teilt mir mit, ihre Schüler äußerten öfter den Wunsch, einmal wie in den "old days" zu leben. "Well", sagt sie, "I don`t think that any of us could live that way anymore..." - Die Begbenheit, die ich nun anführen werde, wurde mir von einem Nachkommen des Cheyenne-Häuptlings Two Moons [1] berichtet, sie trug sich 1987 auf der Northern Cheyenne Reservation in Montana zu. Ich empfinde sie als bezeichnend für das gewandelte Identitätsbewußtsein der nordamerikanischen **natives** [2], auch gibt sie ein Beispiel für eine extreme Identifikation eines Nichtindianers mit einer eingeborenen Kultur im Präreservationsstadium. Two Moons erzählte mir von einem weißen **wannabe**[3], der, mit Leggins, Schurz und Mokkasins bekleidet, mit seinem Tipi auf dem Reservat auftauchte. Na ja, sagte er, zuerst mußte ich ja auch lachen, als ich ihn sah. Aber dann habe ich ihn auf meinem Gelände campieren lassen, denn ich merkte, der Kerl war ja so verdammt "smart" - wir haben über uns selber gelacht...

---

1) Nach seinen Angaben ist der Name des berühmten Beteiligten an der Schlacht am Little Bighorn falsch übersetzt worden. Die richtige Übersetzung seines Namens sei "Sun Moon".
2) "Native (American)" ist eine abgrenzende Eigenbezeichnung der Indianer in den USA.
3) Von "want to be": Möchtegernindianer.

B HAUPTTEIL

I. Anmerkungen zum Weltbild und Zeremonialwesen

a) Weltbild

Einleitend wollen wir uns mit einigen Aspekten der Lakota-Weltanschauung vertraut machen, um uns das Verständnis der im Folgenden betrachteten (revitalisierten) Zeremonien zu erleichtern. Einen Einblick in die traditionelle Beziehung zur natürlichen Umwelt gibt uns Luther Standing Bear: "The Lakota was a true naturist - a lover of nature... Whereever the Lakota went, he was with Mother Earth... Kinship with all creatures (...) was a real and active principle... The animal had rights - the right of man's protection, the right to live, the right to multiply, the right to freedom, and the right to man's indebtedness..." In diesem Konzept des Lebens waren alle Dinge von gleicher Wichtigkeit. Der Lakota konnte keine Kreatur verachten, denn alle waren von einem Blut und gefüllt mit der Essenz des "Great Mystery" (**Wakan Tanka**); die Dinge unterschieden sich nur der Form nach. Wissen war in allem Seienden vorhanden, die Bibliothek war die Welt, und ihre Bücher waren die Steine, Blätter, das Grass, die Bäche, die Vögel und die anderen Tiere. Lakota-Philosophie war frei von Furcht und Dogmatismus, also gesund. Der große Unterschied zwischen dem indianischen Glauben und dem des weißen Mannes bestand darin, daß der Indianer nach Harmonie mit seiner Umwelt strebte, wohingegen der Weiße diese dominieren wollte. (1978:192-196)

Die traditionelle Relation zwischen Lakota und Nicht-Lakota beschreibt Walker so: Die Lakota sind gegen alle anderen Menschen verbündet. "They are oyate ikce (native people)[1], and are ankantu (superior), while all others of mankind are oyate umna (other people), who are ihukuya (considered inferior)..."(1982:3) Falls jemand diese Beziehung nicht anerkennt, wird er als feindlich betrachtet und sollte entsprechend behandelt werden (ebd.).

---

1) Lame Deer übersetzt **ikce** mit "natürlich", "frei", "wild" (1979:28)

In der Lakota-Sprache existiert kein Wort, daß den aus dem Lateinischen stammenden Begriff Religion abdeckt (Powers 1982:XV). Christliche Missionare konstruierten für ihre Transkriptionen der englischen Termini **religion** und **prayer** aus dem Lakota-Präfix **wo** und dem Verb **cekiya** (**to cry for,to pray**) das Nomen **wocekiye** (ebd.:45). Geht man davon aus, daß das menschliche Denken Begriffe anhand von Gegensatzpaaren bildet, so läßt sich schließen, daß das, was die Lakota heute mit "our religion" meinen, in iher vom Europäischen noch unbeeinflußten Gesellschaft Evidenz besaß und allen Lebensvollzügen inhärent war. Walkers Aussage bezüglich der Oglala: "In former times, the Oglala had ceremonies that pertained to almost every act of their lives." (1917:56) stützt diese These.

Nach Standing Bear verehrten die Lakota nur **Wakan Tanka**, von ihm mit "Big Holy" übersetzt. **Wakan Tanka** hauchte allen Dingen, sichtbaren wie unsichtbaren, Leben und Bewegung ein, war über allem und in allem. Seine Präsenz durchdrang alle Dinge und füllte allen Raum; die Lakota konnten nichts anschauen, ohne zugleich **Wakan Tanka** zu sehen. Alle Geheimnisse der Geburt, des Lebens und des Todes waren der Beweis seiner immerwährenden und unfassenden Kraft ("power"). Er verteilte irdische Segnungen, und wenn das Leben auf der Erde zu Ende war, bereitete er ein Zuhause: **"Wanagi yata"**. Nicht nur die Seele des Menschen ging zu diesem Ort, sondern die Seelen aller Dinge. "For the most part the Lakota was a silent and solitary worshipper, though in many of the religious rituals prayer was offered in speech and song." (1978:197-198)

Wakan Tanka ist als "Great Spirit", "Great Mystery", "Big Holy" oder auch "god" ins Englische übertragen worden. Nach Frank Fools Crow, dem gegenwärtigen Zeremonialhäuptling der Lakota, ist "Holiest of Everything" eine angemessenere Übersetzung (Mails 1978: 203). George Sword, Bad Wound und No Flesh lehrten Walker, daß **Wakan Tanka** über allem sei und alles bestimme. Wenn **Wakan Tanka** von einem Menschen wünsche, etwas in einer bestimmten Weise zu tun, lasse er ihn davon entweder über eine Vision oder einen Traum wissen. Die Schamanen redeten **Wakan Tanka** in ihrer Geheimsprache mit **Tobtob Kin** an. **Tobtob Kin** sind vier Mal vier Götter ("gods"), **Tob Kin**, die vier Winde ("the Four Winds"), ist der **akicita** (Botschafter aller anderen "Götter"[1] (1980:93-94). Nach Powers wird **Wakan Tanka** nicht personifiziert, wohl aber "seine" Aspekte, die sich etwa in der Sonne, dem Mond, der Erde und anderen natürlichen Phänomen (welche Walker als Götter auffasst) manifestierten (1982:46). Als **Wakan** wurde, so Sword, all das bezeichnet, was mit dem Verstand schwer zu erfassen ist, z.B. der im Lakota-Weltbild jedem Objekt innnewohnende "spirit" (Walker 1917:152).

Die Psyche setzt sich bei den Lakota aus vier Entitäten zusammen: **Niya** ist einer Person angeboren und begründet sein **Ni**, d.i. sein Leben oder Atem (ebd.:156); "It is that aspect of an individual that ties his body to his innermost..." (Amiotte 1987:86). **Nagi** ist vergleichbar mit dem stereotypen Gespenst, **nagila** ist der Teil von **Takuskanskan** (bewegendes Prinzip, einer der sechzehn Aspekte von **Wakan Tanka**), der in allen von uns ist, und **sicun** bezieht sich auf die heilige Kraft ("sacred power"), die vom Menschen durch das Eingreifen des Übernatürlichen und seinem Umgang ("intercourse") mit diesem erlangt werden kann. Die Lakota-Rituale kräftigen die ersten drei und ermöglichen es, **sicun** zu erlangen (ebd.:86-88). Laut Walker ist **sicun**, das eine beschützende Funktion hat, einmal dem Menschen von Geburt an gegeben, zum anderen kann ein Individuum sich weitere dieser Potenzen aneignen (1917:158).

Der Kreis gilt als symbolisch für alle von **Wakan Tanka** verursachten natürlichen Erscheinungen und Zyklen (ebd.:160), analog ist die Idee des Kreises fundamental für die Riten der Lakota. Die Zahl vier durchzieht ebenfalls ihr gesamtes Weltbild und Zeremonialwesen; "Since the Great Spirit caused everything to be in four˜s (vier Himmelsrichtungen, vier Abschnitte im Leben eines Menschen, vier Arten von Tieren (Siehe Seite 7 !) usw.), mankind should do everything possible in four˜s." (ebd.) Auch die Zahl sieben bzw. die Produkte aus vier und vier sowie aus vier und sieben dienen der Gliederung natürlicher wie kultureller Phänomene (Powers 1982:47)

---

[1] Diese Information gehörte, laut Walker, zum Geheimwissen eines **wicasa wakan**, den dieser als Schamane apostrophiert.

b) Zeremonialwesen

In den Zeremonien der Lakota spiegelt sich ihre Weltanschauung und ihre Wertewelt wieder. Die, die in dieser Abhandlung besprochen werden, gehören – mit Ausnahme der **Yuwipi**-Zeremonie – zu den sogenannten sieben heiligen Riten, in welche die Lakota laut Nicholas Black Elk von **Ptehincala San Win**, der Weißen Büffelkalbfrau, initiiert wurden (Schwarzer Hirsch 1982:15-16). Von den hier behandelten Zeremonien kann ich aus eigener Erfahrung bestätigen, daß sie noch bzw. wieder lebendig sind. Gordon Macgregor zog voreilige Schlüsse, als er in seiner 1946 publizierten Studie "Warriors without weapons" das Ende der Sioux-Religion ankündigte. Die alten religiösen Praktiken erschienen ihm, unter dem Druck der Kirchen, aufgrund der zunehmenden Kenntnisse der modernen Medizin, der Angst vor der Kritik der Weißen und dem generellen Assimilationsprozeß zum Aussterben verurteilt (ebd.:103).

Diejenigen der sieben heiligen Riten, die nicht näher zur Sprache kommen, sind: **Wanagi yuhapi** ("ghost keeping"), **Hunkalowanpi** ("making of relatives"), **Isnati owicalowan** ("girl`s puberty ritual"), **Tapa wankayeyapi** ("throwing of the ball").[1] Grundsätzlich halte ich es für falsch, um nicht zu sagen für naiv, bezüglich einer Ethnie zu behaupten, gewisse Kulturelemente existierten nicht mehr, nur weil man sie nicht verifizieren kann. Eine im historischen Kontaktverlauf dermaßen reprimierte Gruppe wie die Lakota hatte und hat gute Gründe, ihre Traditionalismen (insbesondere esoterische) von der Außenwelt abzuschirmen. Macgregor machte diesen Fehler, als er schrieb: "The onla continuing cult of the old Dakota[2] religion is the Yuwipi meeting..." (ebd.:98). Denn nach Ausage von Frank Fools Crow und anderern Lakota wurde der Sonnentanz, trotz seines temporären Verbots durch das **BIA**[3], nie aufgege-

---

1) Diese Bezeichnungen sind von Powers (1982:93-103) übernommen, der sich auf Brown, Densmore, Dorsey, Neihardt, Walker und Wissler bezieht.
2) Macgregor verwendet **Dakota**, eigentlich die Bezeichnung für den den "D"-Dialekt sprechenden Teil der Sioux, als Synonym für Sioux.
3) Abkürzung für das "Bureau of Indian Affairs".

ben, sondern im Verborgenen ausgeführt (Mails 1978:197).

Der derzeitige Bewahrer der heiligen Büffelkalbpfeife antwortete mir 1987 auf die Frage, wie er die präsente Situation seines Volkes einschätze: "I think we are doing pretty good. We still do all of our ceremonies." Thomas E. Mails bezeugt, 1975 während eines Sonnentanzes auf dem Rosebud-Reservat einer "Spirit Keeping Ceremony" beigewohnt zu haben (1978: 169); bei Powers hat sich dieser Ritus in ein "Memorial Feast" gewandelt (1982:131-134). Die Anthropologin Beatrice Medicine, selbst eine Lakota, erwähnt in ihrem Aufsatz "Indian Women and the Renaissance of Traditional Religion" sowohl existente "ghost-keeping ceremonies" als auch "memorial feasts": Beim Sonnentanz wird denen, die im vergangenen Jahr einen Verwandten verloren haben, ein rituelles Mahl bereitet, wodurch sie in die gewöhnlichen Aktivitäten der Lakotagesellschaft reinkorporiert werden (1987: 167-168). Der Glaube an ein einjähriges Verweilen des **nagi** eines Verstorbenen auf der Erde ist, wie ich aus Gesprächen erfuhr, nicht verloren gegangen.

Das Ritual des Verwandtschaftmachens konnte ich, einem Sonnentanz integriert, miterleben. Bezüglich des Pubertätsrituals bemerkt Medicine: "Despite the present interest in revitalizing traditional religion, one ceremony that has so far been overlooked is the girl`s puberty ceremony, isnati (`living alone´). Such ceremonies are still going on among the Apaches, Navajos, and many other tribal groups, but they are curiously absent in Northern Plains revitalization movements..." Das Fehlen der Pubertätszeremonie für Mädchen rufe eine Dissonanz in der gegenwärtigen rituellen Revitalisation hervor, denn während dieser Zeremonie seien die Frauen in ihre sozialen Rollen, die Fortpflanzung und Kindeserziehung eingeführt worden (ebd:168-169). Sie legt uns nahe, das rituelle Ballwerfen ebenfalls als "rite des passage" zu interpretieren, gibt jedoch keinen Hinweis auf eine etwaige Revitalisation.

Ob die überlieferten Zeremonien gegenwärtig richtig ("the right way") durchgeführt werden, ist eine Frage, die sich interessierte Lakota oft stellen. Dabei geht es weniger um die Dinge der modernen

Technik, die Eingang in die Praktiken gefunden haben[1], sondern eher
darum, ob das rituelle Schema dem authentischen entspricht, und ob
die Agierenden die adäquate innere Einstellung mitbringen - und
nicht etwa die Zeremonie nur dazu benutzen, um sich persönliche
Geltung zu verschaffen. Die Verantwortlichen sind sehr darum besorgt, Elemente, die ihrer Ansicht nach mit der jeweiligen zeremoniellen Handlung unvereinbar sind, zu eleminieren; beim Sonnentanz kann dies zu geradezu paranoiden Reaktionen führen. Wohl nicht
zuletzt deshalb ist es ihnen weitgehend gelungen, ihre heilige
Handlungen dem Einfluß der Missionen und kommerziellen Interessen,
der allgegenwärtigen Konsumgesellschaft zu entziehen. Lakota wie
Archie Fire Lame Deer, die die Zeremonielle verwenden, um sich, im
In- und Ausland finanziellen Gewinn zu erwirtschaften, werden von
den Traditionellen als falsche Medizinmänner auf einer schwarzen
Liste ("black list") geführt und zutiefst verurteilt. Nach der traditionellen Auffassung fällt ihr negatives Verhalten karmisch
innerhalb ihres Lebens auf sie zurück ("It falls back on them").

Die immer stärker werdende Rückbesinnung auf die eigene Religion,
die Riten, die die weiße Gesellschaft barbarisch nannte und offiziell verbot, zeigt, daß sie stets weiter tradiert worden sind -
die Lakota besitzen ihr Wissen nicht aus Büchern - , daß das
Christentum und auch die **Native American Church** für die Lakota
letztlich unbefriedigend sind. In ihrer autochthonen Religion hingegen, die sich aufgrund ihres Wesens nicht säkularisieren läßt,
die unlösbar verknüpft ist mit den politischen Forderungen, finden
sie ihre Identität (wieder). Vine Deloria: Das Unvermögen und die
Irrelevanz der christlichen Botschaft bewirkte eine Rückkehr der
Indianer zur traditionellen Religion. Stammesreligionen sind
dabei, auf den Reservaten ein starkes "comeback" zu erleben. Allein
in den letzten paar Jahren haben die Oglala- und Rosebud-Sioux
ihren historischen Sonnentanz widerbelebt (1970:115-116). "Do you
believe in Santa Claus and the Easter-bunny?" fragte mich einmal
ein älterer Lakota; der Refrain eines Liedes der nativistischen
Bewegung lautet:"I love my Indian ways."

1) Nach Amiotte ist die Lakota-Kultur nie statisch gewesen. Viele
Aspekte der modernen Technologie seien übernommen worden, aber entscheidend sei die Bewahrung der heiligen Absicht ("secret intent")
(1987:89).

II. Die Träger der Erneuerungsbewegung

a) Die Bewegung

J.G. Jorgensen behauptet eine zeitliche Koinzidenz von indianischen Aufständen und dem Entstehen ihrer religiösen Bewegungen; die aufbegehrenden Indianer würden den traditionellen Ritualen anhängen (Talbot 1988:328). Wie wir schon festgehalten haben, trifft dieser Zusammenhang auf die nativistische Bewegung der Lakota zu, politische Aktivitäten und das Ausüben von traditionellen Riten sind inhaltlich eng verflochten und fallen zeitlich und räumlich zusammen. Um ein Beispiel zu geben: Während eines Sonnentanzes auf dem Pine-Ridge-Reservat 1987 informierte der Rechtsanwalt Mario Gonzales, ein Oglala, die Anwesenden mittels einer Ansprache über den Stand des Rechtsstreites um die Black Hills.

Ich wage es nicht, einen zeitlichen Anfang der Lakota-Erneuerungsbewegung anzugeben. Talbot bemerkt, daß sich die US-amerikanischen Eingeborenen seit Ende der fünfziger Jahre verstärkt für ihre Landrechte, kulturellen Rechte und für soziale Gerechtigkeit engagieren, "vor dem Hintergrund von Ereignissen internationaler Tragweite wie der sozialistischen Revolution in Kuba und der Bürgerrechtsbewegung im eigenen Lande sowie früherer Protestbewegungen der Indianer..." (ebd.:21). Und gewiß ist die Besetzung der historischen Städte Wounded Knee 1973, an der Mitglieder des 1968 in Mineapolis gegründeten **American Indian Movement** maßgeblich beteiligt waren, als Markstein und Kräfte freisetzendes Fanal innerhalb der Auseinandersetzung von Lakota mit ihrem kulturpolitischen Status quo anzusehen - und darüber hinaus als richtungsweisend für die gesamte Indianerbewegung in den USA. Aber Talbot weist uns darauf hin, daß diese Aktion, die ihr vorangegangenen und folgenden Aktionen, Glieder der kontinuierlichen Kette von Selbsbehauptungsbestrebungen der Indianer im historischen Ablauf sind: "Die seit Jahrhunderten geführten Kämpfe haben sich bis in das 20. Jahrhundert fortgesetzt - allerdings werden sie heute zwangsläufig mit einer neuen Strategie und Taktik geführt. (...) es geht nach wie vor um Grund und Boden, Selbstbestimmung und kulturelle Rechte." (ebd.:24).

Bezüglich der religiösen Tätigkeiten der Lakota, der Bewahrung bzw. Wiederbelebung ihres Zeremonialwesens, muß man bedenken, daß die Praktizierung derselben bis 1934 als Verbrechen mit Geldstrafen oder Gefängnishaft bestraft wurde (ebd.: 327-328). Mit seiner Äußerung über geheim abgehaltene Sonnentänze hat Fools Crow uns schon ein Indiz dafür gegeben, daß sich Lakota "im Untergrund" gegen den ihrer Religion auferlegten Bann widersetzten. Dieser ininoffiziellen Kontinuität ist es wohl zu verdanken, daß es in den siebziger und achtziger Jahren zu einer öffentlich bekannt gewordenen Renaissance der Zeremonien kommen konnte. Auch der "American Indian Religions Freedom Act" von 1978, der u.a. "den Zugang zu geweihten Plätzen, die Benutzung und den Besitz sak_aler Gegenstände und das Recht auf die Anbetung von Göttern durch zeremonielle Handlungen und überlieferte Riten" legalisiert (ebd.:328), hat die Lakota in ihrer Rückbesinnung bestärkt. Auf der anderen Seite zeigt die gegenwärtige Diskussion darüber, inwieweit die Zeremonien richtig durchgeführt werden, an, daß die Jahrzehnte der massiven Unterdrückung eine Unsicherheit bezüglich der eigenen Bräuche evoziert hat.

Wer sind nun die Träger der Bewegung, der es darum geht, ausgewählte Aspekte ihrer Kultur wiederzubeleben oder zu perpetuieren ("to revive or to perpetuate selected aspects of its culture"; Linton 1943)?
Mails teilt die Bevölkerung der Reservate in drei Grupen ein: Die Traditionalisten, gewöhnlich Vollblut-Lakota, die traditionell orientierten **AIM**-Anhänger, und die Liberalen, vorwiegend Mischblütige und politisch den Regierungsbehörden verbunden (1978:16). Schwarzbauer nennt daneben die Gruppe der politisch Desinteressierten (1986:36). Wie Schwarzbauer anführt, handelt es sich dabei nicht um antagonistische Gruppierungen; in Wirklichkeit überschneiden sie sich. Die Anhänger der traditionellen Rituale, um auf Jorgensen zurückzukommen, lassen sich nicht auf eine der genannten Gruppen reduzieren, genausowenig auf die schon angesprochene Partei derer, die sich als **fullbloods** deklarieren, ein Terminus, mit dem sie eine Identität von biologischer Deszendenz und traditionsorientierter Lebensweise suggerieren. Vielmehr handelt es sich um eine pluralistische Bewegung, eingebettet in die geistige Strömung ethnischen

Selbst-Bewußtseins, die die Ethnien des gesamten Kontinents erfaßt hat. Zu ihren Trägern möchte ich alle Lakota zählen, die Aspekten ihrer Kultur Realität verleihen, beziehungsweise eine Realisierung dieser anstreben; erweiternd könnte man noch die Nicht-Lakota (Angehörige anderer indianischer Ethnien, Personen ohne indianische Abstammung) dazuzählen, die das Festhalten am überlieferten Weltbild - Wallace würde sagen "mazeway"[1] - und die Expression desselben aktiv unterstützen.

Ohne Zweifel spielen diejenigen Lakota, die sich auf kulturpolitischer Ebene als **traditionalists** verstehen, eine gewichtige Rolle. Unter ihnen wird die Lakota-Sprache noch gesprochen, zumindest was die Älteren betrifft; sie stellen die Autoritäten des Wissens um das Zeremonialwesen; sie haben autonome Räte hervorgebracht: **Lakota Treaty Council, Black Hills Sioux National Council** und die **Grey Eagles,** letzere eine Art Ältestenrat. Radikale Traditionalisten rechnen die **mixed bloods** nicht zu den Lakota, sie schließen auch **fullbloods** aus, die sich mit Weißen verheiraten: "This is the price of love." In der Tat findet man bei Zusammenkünften der Traditionalisten europide Merkmale prozentual weniger vertreten, als etwa auf einer Lakota-Polizeistation (was nicht heißen soll, daß ein Lakota-Polizist sich nicht der traditionellen Bewegung zugehörig fühlen kann).[2]

---

1) Mit "mazeway" meint Wallace das geistige Bild einer Person bez. seiner Gesellschaft und ihrer Kultur sowie seines eigenen Körpers. Einen Wandel im "mazeway" wie im "wirklichen" System herbeizuführen, um Stress zu reduzieren, sei das Bemühen der Revitalisation. Die Kollaboration einer Anzahl von Personen in diesem Sinne werde "revitalzation movement" genannt (1956: 226-267).

2) Nach Powers ist die Unterscheidung Indianer -Nichtindianer oder **fullblood** - **mixed blood** eher als ein Kontinuum zu betrachten und zu analysierten. An dem einen Extrem des Kontinuums befänden sich die Traditionellen und am anderen die Bürokraten (1982:119).

Lakota, welche die biotische Abstammung nicht so hoch bewerten, schätzen die Zahl derjenigen, deren väterliche wie mütterliche Linie sich ausschließlich aus **fullbloods** (im rein biologischen Sinn) zusammensetzen, sehr niedrig ein. Ein Mann um die sechzig Jahre, dem aufgrund seiner Physiognomie immer wieder angeboten wird, sich für diverse Indianerfilme mit Adlerfederhaube auf ein Pony zu setzen, der sich aber im Gegensatz zu seinem Bruder nicht als **fullblood** bezeichnet, weil ihr gemeinsamer Vater ein Cheyenne war, sagte mir, es gebe noch allenfalls fünf Prozent Vollblut-Lakota. Demnach würde es sich bei vielen **"fullbloods"** eher um ein Wollen als um ein Sein handeln; der Gebrauch dieses Begriffspaares schließt, wie bereits angedeutet, oft eine Identifizierung der biologischen mit der soziokulturellen Ebene ein.[1] Useem schreibt in ihrer Dissertation "The aftermath of defeat: As study of acculturation among the Rosebud Sioux of South Dakota": Der Anteil indianischen Blutes (**half-blood, quarter** usw.) wird, abgesehen von seiner biosozialen Grundlage und seiner legalen Verwendung, gewöhnlich dazu verwendet, den relativen Einfluß der indianischen und der weißen Kultur zusammenzufassen. "Full blood and mixed blood and white are adjectives which indicate ways of life", sie weisen auf Rollen hin, die von Mitgliedern mit einem bestimmten biologischen Erbe erwartet werden (1947:12). In der bis heute beibehaltenen Unterscheidung spiegelt sich die Ansicht der Traditionalisten wieder, daß für das Weiterbestehen der Ethnie nicht allein die Vitalität kultureller Qualitäten, sondern auch die quantitative Konservierung der genetischen Anlagen erforderlich ist.

---

1) Lange vor der Etablierung der bundesstaatlich kontrollierten Reservate waren Heiraten zwischen Teton-Sioux und Weißen, die dann "squaw men" genannt wurden, eine historische Tatsache. Natürlich waren die Personen, die von beiden Gruppen abstammten, und in vielen Fällen auch in beiden Kulturen zu Hause waren, für die Regierung von besonderem Interesse. Aus dieser Situation entstand das Schema des Regierens nach Deszendenz. Heute führt die Regierung Zensusberichte, die versuchen, den Anteil indianischen Blutes einer Person, in Brüchen ausgedrückt, festzuhalten (Daniels:1975:205-206).

b) Das Beispiel "Yellow Thunder Camp"

Ein gutes Beispiel für den, bezogen auf die Träger,pluralistischen Charakter der Erneuerungsbewegung sowie für ihren religiös-politischen ist das **Yellow Thunder Camp** (**Wakinyan Zi Oyate**: Volk des Gelben Donners), benannt nach dem von weißen Rassisten gefolterten und ermordeten Lakota Raymond Yellow Thunder, am Victoria Lake in den Black Hills. Es wurde im April 1981 vom **Dakota American Movement** ("Dakota" ist hier als Synonym für Sioux zu verstehen; es handelte sich vorwiegend um Lakota.) errichtet: ein Dorf aus Tipis, die zum Teil mit Holzöfen, Sesseln, Betten etc. ausgestattet wurden. Angestrebt wurde eine bewußte Rückkehr zu traditionellen Lebensformen, wobei man die religiösen Aspekte betonte. Gleichzeitig verstand sich das Camp als Protest gegen den Abbau von Uranium und anderen Bodenschätzen in den Black Hills (Zeitweilig kam es zu einer Koalition von Indianern und Weißen, der **Black Hills Alliance**.) wie gegen den von der US-Regierung gebrochenen Vertrag von 1868. Die Aktivisten forderten für die Verwirklichung einer "cultural resource area for American Indian people and their non-Indian allies" das Nutzungsrecht über ein Terrain von 800 acres (320 Hektar), rechtlich stützten sich sich auf: "the 1868 Fort Laramie Treaty, Article VI of the United States Constitution, the 1897 federal statue which allows those living in the vicinity of Natural Forest land to establish and maintain schools and churches and the 1978 Freedom of Religion Act" (zitiert nach: "Fact sheet and update December 1983", **Yellow Thunder Camp**).

In den Anfangsjahren partizipierten Lakota aus den Reservaten und der nahegelegenen Stadt Rapid City, andere Indianer, sympathisierende Traditionalisten und Nicht-Indianer an der regen Revitalisation von Elementen der (Teton-)Sioux-Kultur; dazu gehörten etwa rituelle Handlungen, Lakota-Sprachkurse, oder das Herstellen und der Gebrauch materieller Elemente[1]. Doch als die im Zeltlager lebenden

---

1) Ein älterer Lakota erzählte mir, er habe im Camp jüngere Lakota traditionelles Handwerk gelehrt: " ˋcause people laughed at them ˋcause they didnˋt know nothing about being an Indian."

Familien das Camp wieder verließen, verlor "Yellow Thunder" an Bedeutung. Bei meinem letzten Besuch 1987 waren nur drei Lakota dauerhaft anwesend, schafften es aber, den jährlichen Sonnentanz zu organisieren. Im Dezember 1985 wurden die geforderten 320 Hektar den Lakota durch den Richter Donald O´Brien zur Nutzung gewährt: "O´Brienfound that the Black Hills are ˜central and indispencible˜ to the Lakota religion and that ˜access to the Black Hills is critically important to the meaningful and fullfilling practice˜ of religion." ("theRapidcityJournal" vom 13.12.1985) Es bleibt abzuwarten, ob die von AIM geplanten Schulgebäude, in denen Jugendliche in den ˜traditionellen spirituellen Wegen der Lakota˜ (O´Brien: ebd.) unterrichtet werden sollen, tatsächlich verwirklicht werden und ihren Beitrag zur Erneuerungsbewegung leisten.

c) "In the spirit of Crazy Horse"

Die historische Persönlichkeit, die für die Träger der Bewegung als vorbildlich gilt, ist "natürlich" der Oglala und legendäre Kriegshäupling Tashunka witko (Crazy Horse). Crazy Horse, am 5. September 1877 im Alter von fünfunddreißig Jahren hinterrücks erstochen im Ford Laramie (Dee Brown 1977:304), steht für kompromißlose Verteidigung des Lebensraumes und der Lebensweise der Lakota, ist zur Personifikation der indianischen Ressistenz in Nordamerika geworden. Der Häuptling war ein "Indian´s Indian" (Joseph Black Elk 1966, in Kadlecek 1983:81). Er und seine Krieger beschützten und verteidigten energisch den Stamm der Sioux gegen die eindringenden Weißen und die Soldaten der Armee der Vereinigten Staaten, die seine Nahrungsgrundlage, Kultur und seine Existenz überhaupt vernichteten (ebd.:81-83). Sein Abbild wäre wohl, als Prototyp des indianischen Widerstandskämpfers, längst millionenfach publiziert worden (vergleichbar mit dem des, den Revolutionär verkörpernden Ernesto "Che" Guevara), hätte er sich nicht aus religiösen Gründen konsequent gegen ein (photographisches) Porträt geweigert. Mit "In the spirit of Crazy Horse" unterschreiben traditionelle Lakota persönliche Mitteilungen.

Nicht im Sinne des Strategen der Schlacht am Little Big Horn ist ihrer Meinung nach die von Korczak Ziolkowski begonnene monumentale

Crazy-Horse-Skulptur in den Black Hills. "Frank Fools Crow, einer unserer respektiertesten Medizinmänner, sagt, der Berg wolle nicht verändert werden, der Geist von Crazy Horse wolle es nicht. Die Statue (...) werde nie fertig werden." (Lame Deer/Erdoes 1979: 100) Ein alter Medizinmann von der Reservation **Cheyenne River,** der behauptet, er kenne aus Visionen das authentische Aussehen des Crazy Horse, erzählte mir, daß oft Blitze in das Felsmassiv, aus dem die Plastik subtraktiv entstehen soll, einschlagen würden - ein Zeichen für die metaphysische Abwehr des "Chief" gegen die Darstellung seiner Person. Folgender Ausspruch wird im nachgesagt: "If anything happens to me, I will return to the Thunder Gods and from there I will look after my people with the power of the Thunder Gods." (M.H. King: 1970, in Kadlecek 1983:126)

Vine Deloria schließt seinem Bestseller "Custer died for your sins" mit den Worten ab: "Until we can once again produce people like Crazy Horse all the money and help in the world will not save us. It is up to us to write the final chapter of the American Indian upon this continent." (1970:272)

III. Die Rolle der "Medizinmänner"

a) Die "medicinemen"

Die Bezeichnung Medizinmann (**medicineman**) ist eine versimplifizierende Zusammenfassung für Individuen mit bestimmten Aufgabenbereichen, die in der Lakota-Sprache differenziert zum zum Ausdruck kommen. Der wörtlichen Bedeutung nach deckt sich **medicineman** am ehesten mit **pejuta wicasa** ("pejuta": Kräutermedizin, von **peji** (Grass) und **huta** (Wurzeln) bzw. **wicasa**: Mann; Powers 1982:56), auch mit "herbalist" übersetzt. "Als erstes unterschieden wir den Heiler – pejuta wicasa – den Mann der Kräuter. Er behandelt nicht mit den Kräutern allein; um zu heilen, brauchst du auch die Kraft des wakan. Dann haben wir den yuwipi, den Zusammengebundenen, den Mann, der die Kraft von rohem Leder und Steinen benützt, um Dinge und Ursachen zu finden und zu kurieren. Wir sprechen auch von waayatan, dem Mann (...), der Ereignisse voraussagen kann... Dann haben wir den wapiya – den Zauberer –, den ihr wahrscheinlich den Hexendoktor nennen würdet... Aber je mehr ich darüber nachdenke, desto mehr glaube ich, daß nur einer der wahre Medizinmann ist: wicasa wakan – der heilige Mann. Er kann heilen, prophezeien, zu den Pflanzen sprechen, den Steinen befehlen, den Sonnentanz leiten oder das Wetter ändern... Er hatte bereits wakanya wowanyanke – die große Vision. Sitting Bull war so ein Mann."(Lame Deer/Erdoes 1979:175-176) Der diffuse Begriff **medicineman** hat sich aber auch bei den Lakota eingebürgert, wobei "medicine" eine magische Konnotation zukommt.

Powers beschreibt die Medizinmänner als Visionäre und rituelle Spezialisten: Diejenigen, die dazu fähig waren, zwischen den übernatürlichen Wesen und Mächten ("powers") und den gewöhnlichen Leuten zu vermitteln, wurden **wakan** genannt. **Wicasa wakan** bedeutet heiliger Mann ("man sacred") und **winyan wakan** heilige Frau ("woman sacred"). Die **wakan**-Menschen waren Lehrer, Interpreten der heiligen Mythen und die Leiter der großen Zeremonien. Einige waren Generalisten, andere Spezialisten, und sogar unter den Spezialisten wichen die verwendeten Heilungsmethoden, die von der Art der Vision, über die die **wakan**-Person seine Kraft erhalten hatte, abhing, voneinander ab. **Yuwipi**, eine gegenwärtige Form des Heilens, existierte zur Zeit von Wissler, wurde aber nicht erwähnt, wahrscheinlich weil sie eher an ein Heilverfahren erinnert, als an eine Quelle spiritueller Kraft. Die heiligen Personen kommunizierten mit den übernatürlichen Wesen und untereinander in einer besonderen Sprache, die die die Nichtinitiierten nicht verstanden. (1982:56-64)

Über die Tätigkeiten der "medicinemen und herbalists" in der Reservationskultur konnte Magregor, aufgrund der von den Lakota erfahrenen Repression ihrer Religion, kaum etwas in Erfahrung fahrung bringen (1946:99). Powers behauptete 1975, fast dreißig Jahre später, die rituellen Spezialisten hätten in den lokalen Reservationsgemeinschaften die Rolle der **tiospaye**-Häuptlinge[1] übernommen der Präreservationskultur übernommen (1982:XIV, 130). Die heute aktiven Medizinmänner[2] üben die von Lame Deer angegebenen Tätigkeiten - Therapie, Prophetie, Zauberei, Leitung von Zeremonien -, je nach Person, in unterschiedlichem Umfang aus. Im Erneuerungsprozeß stellen sie mehr oder weniger respektierte Autoritäten dar, auf die sich die im religiösen Kontext weniger Bewanderten beziehen. In der Regel nehmen sie bei Zeremonien die leitende Position ein.

b) Der Zeremonialhäuptling Fools Crow

Um die Bedeutung der **medicinemen** innerhalb der Bewegung zu demonstrieren, möchte ich den schon mehrfach zitierten Zeremonialhäupt-

---

1) Die fundamentale soziale Einheit war bei den Teton-Sioux die biologische Familie, doch eine Familie lebte stets mit zehn bis zwanzig anderen verwandten Familien zusammen. Sie bildeten eine erweiterte bilaterale Familie oder Gruppe, die "band" oder "tiospaye". Die Hauptfamilie war die des Häuptlings, mit der alle übrigen verwandt waren (Macgregor 1946:52)

2) Die Meinungen darüber, wer ein Medizinmann ist, gehen auseinander. Beispielsweise sagte mir eine Lakota, der verstorbene John Fire Lame Deer sei kein Medizinmann, sondern bloß ein Rodeoclown gewesen.

ling Frank Fools Crow[1] vorstellen. Während des 1987 auf seinem
Grundstück stattgefundenen Sonnentanzes trat er nicht mehr öffentlich in Erscheinung; ich habe davon abgesehen, den uralten Mann zu
belästigen. - Mails über Fools Crow: Er ist der "Ceremonial Chief"
der Teton-Sioux, d.h. der höchstrangierende Häuptling der heutigen
Lakota; mit Ausnahme von einigen neidischen Medizinmännern wird er
von allen Traditionalisten als solcher anerkannt.[2] Fools Crow wurde
irgendwann zwischen 1890 und 1892 geboren; seit 1929 war er der
leitende **wicasa wakan** ("Intercessor") auf dem **Pine Ridge-** und
Rosebud-Reservat. Im Juli 1975 wurde er zum "Indian of the year"
gewählt, und im September leitete er, in der Hoffnung, mit Präsident Ford sprechen zu können, eine Delegation von fünfzig Lakota-Indianern nach Washington. Die Traditionellen verehren ihn aufgrund
seiner zeremoniellen Kenntnisse und seines moralischen Lebens[3].
(1978:18-20)

Während der Prozesse gegen **AIM**-Aktivisten, die sich bei der Besetzung von Wounded Knee hervorgetan hatten, solidarisierte sich
der **wicasa wakan**, als Sprecher einer Gruppe Traditionalisten, darunter Überlebende des Massakers von 1890, mit den Angeklagten:
"Wir sind hierhergekommen,...um jedem, der uns anhört, zu sagen,
daß wir für unsere Brüder Russell Means und Dennis Banks einstehen.
Gemeinsam stehen wir ein für unsere Traditionen, unser Land, unsere
Sitten und Gebräuche und unsere vertraglichen Rechte... Wenn wir
nicht gemeinsam mit unseren Brüdern in Freiheit leben und unseren

---

1) "Crow" meint die Crow-Indianer.

2) Die Kinder eines anderen Medizinmanns sagten mir, Fools Crow sei
"a bad old windbag".

3) Die vier Haupttugenden der Lakota waren und sind, wie man in
heutigen Unterrichtsräumen an den Wänden nachlesen kann: "bravery",
"fortitude", "generosity" und "wisdom". Die Moral seines Volkes erklärt Luther Standing Bear im 6.Kapitel von "Land of the Spotted
the Spotted Eagle".

Traditionen und Bräuchen folgen dürfen, dann sind wir bereit, mit ihnen in ein Gefängnis des weißen Mannes zu gehen." (Talbot 1988: 88) Auch in dem, nun über ein Jahrhundert andauernden Konflikt bezüglich der Black Hills zwischen "native Americans" und "Americans" wehrte sich der Zeremonialhäuptling, wie einst Tatanka Yotanka (Sitting Bull), gegen die angebotene pekunäre Kompensation: "Die Black Hills sind dem Volk der Lakota heilig. Sie sind unsere Kirche, der Ort, an dem wir beten... Wie kann jemand erwarten, daß wir unseren Friedhof, unsere Kirche um ein paar lumpige weiße Dollars verkaufen?" (Schwarzbauer 1986:81)

IV. Revitalisierte Elemente des Zeremonialwesens

a) Ptehincala hu cannunpa - die Büffelkalbknochenpfeife

Über die Herkunft der sakralen Büffelkalbpfeife gibt es diverse schriftliche Niederlegungen, basierend auf den mündlichen Berichten einzelner Lakota. Genannt seien hier die in der oralen Tradierung stehenden Erzählungen von Fingers und Sword, aufgezeichnet von J.R. Walker, die des Black Elk, von J.G.Neihardt bzw. J.E.Brown festgehalten, die von Lame Deer, der Richard Erdoes veranlaßte, ein Buch über ihn zu verfassen, sowie die Version des gegenwärtigen Bewahrers eben dieser sakralen Pfeife, Arwal Looking Horse, die von R.J. DeMallie während des Symposions "American Indian Religion in the Dakotas: Historical and Contemporary Perspectives" 1982 in Bismarck aufgezeichnet wurde. Sich der englischen Sprache bedienend, nennen die Lakota die **Ptehincala hu cannunpa** auch **Sacred/Mystic (Buffalo) Calf Pipe** oder kurz **Sacred/Mystic Pipe, Calf Pipe**. Die Geschichte oder der Mythos ihres Ursprungs, ihrer Bedeutung wird bis heute mündlich überliefert.

Die einzelnen publizierten Versionen über die Herkunft der heiligen Pfeife differieren in ihrer Detailliertheit, weisen aber keine grundlegenden Widersprüche auf. Es ist eine Frau, die den Lakota die Pfeife überbringt und sie in ihren rituellen Gebrauch initiiert. Das dualistische Prinzip von "gut" und "böse" der Lakota-Ethik kommt in den unterschiedlichen Reaktionen der beiden Männer zum Ausdruck, die ihr zuerst begegnen. Die sexuelle Begierde des einen gegenüber der Frau, die stets als außergewöhnliche Schönheit beschrieben wird, wird ihm zum mortalen Verhängnis, wohingegen der andere, der sie als **wakan**-Frau erkennt, den Auftrag erhält, ihre Ankunft in seinem Tipi-Lager anzukündigen. Im Lager überreicht sie die in einem Bündel mitgeführte Pfeife den Lakota, sowie einen runden roten Stein mit sieben eingezeichneten Kreisen, welche die sieben Zeremonien symbolisieren, die mit der Pfeife einhergehen. Die Pfeife ist ein Gebetsinstrument, über das rituelle Rauchen sollen die Lakota mit **Wakan Tanka** in Kontakt treten. Der Name des ersten Bewahrers ("keeper") der Pfeife wird, je nach Quelle, entweder als Buffalo Standing Upright oder Standing Hollow Horn angegeben; der

Name der Überbringerin und Stifterin der sieben Zeremonien, **White Buffalo Calf Maiden**, geht darauf zurück, daß sie sich nach Verlassen des Dorfes in ein weißes Bisonkalb verwandelt haben soll. Fingers identifiziert die schöne Frau mit **Wohpe**, der Tochter von Sonne und Mond in der anthropomorphen Kosmologie der Lakota.

Eine Vorgeschichte zu dieser Geschichte, die einen Kontakt zwischen der irdischen und überirdischen Ebene berichtet, von der die Pfeife zeugt, gibt Arwal Looking Horse; sie taucht in keiner der übrigen genannten Quellen auf: "A story is told about the Pipe before it was brought to the Sioux people. A man was out scouting and came upom what we now call Devils~Tower, in Wyoming. This is a sacred place, a sacred hill. There used to be a hole through it, straight across from the east to the west. It looked like a big tipi, open both on the east and west. The man entered, and on the north side of the tipi he saw the sacred pipe, and on the south side he saw a sacred bow and arrows. He was going to pick up the Pipe, but instead he chose the bow and arrows and walked out the west side of the tipi. Since then the Cheyenne have had the Sacred Arrows." (1987:67-68) In der Überlieferung der Cheyenne hingegen, die die Lakota nach wie vor als ihre Verbündeten betrachten, brachte ihr Kulturheros **Sweet Medicine** die Pfeile vom "Noahvose, the Sacred or Holy Mountain" (Stands in Timber 1972:35), dem Bear Butte in Süddakota. Er gelangte in den Berg und fand dort so etwas wie eine große Hütte ("lodge") oder Tipi. Dort saßen auf der einen Seite alte Frauen und auf der anderen alte Männer, die keine Menschen waren, sondern Götter. Er sah auch die vier Pfeile, die die "Four Sacred Arrows" des Cheyenne-Stammes werden sollten (ebd.:35-36).

Arwal ordnet als einziger die Begegnung zwischen den Lakota und der Büffelkalbfrau zeitlich und räumlich ein: "I am the nineteenth generation to serve as Pipe keeper... This happened on what is now the Cheyenne River Reservation, near the community of Iron Lightning." (1987:67-68) Nach Lame Deer waren es **Itazipco,** denen die Pfeife übergeben wurde (1979:278).

Black Elk gibt an, daß ein Bisonkalb in die **Ptehincala hu cannunpa** geschnitzt sei und daß zwölf Adlerfedern am Pfeifenstiel befestigt seien (Schwarzer Hirsch 1982:14-15). John Fire Lame Deer behauptet, das Pfeifenbündel eigenhändig geöffnet zu haben. Die Pfeife sei siebenfach umwickelt gewesen, und zwar in Bison- und Hirschhäute, roten und blauen Flanell (1979:290). Ihr Stiel bestehe aus dem unteren Beinknochen eines Bisonkalbs und sei mit rotgefärbten Adlerfedern, vier Haarbüscheln und Vogelbälgen versehen. Zusätzlich werde eine zweite antike Zeremonialpfeife mit einem Pfeifenkopf aus Catlinit aufbewahrt (ebd.:282-283). Laut Arwal ist die Büffelkalbknochenpfeife in eine glatt gegerbte Bisonrobe eingewickelt (1987: 70).

Sie wird in der kleinen Gemeinde Green Grass auf dem Cheyenne-River-Reservat in einem kleinen Haus aufbewahrt. "It is well protected... Other things that go along with the Pipe are also kept in the house, including a drum and various offerings that have been presented to the Pipe." (ebd.) Ihr Bewahrer sagte mir, der jeweilige "keeper" erführe in Träumen und Visionen, wer seine Nachfolge antreten solle. In dem hier zitierten Text "The Sacred Pipe in Modern Life" erwähnt er noch, daß sie stets an einen , männlichen wie weiblichen, Blutsverwandten weitergegeben wird (ebd.:67). Ihm selbst wurde die Pfeife von seiner Großmutter überantwortet.

Nachdem dies sieben Jahre nicht mehr geschehen war, fand 1987 eine "Sacred Calf Pipe Ceremony" in Green Grass statt. Die Pfeife hatte man - auf Anweisung der Geistwesen (**"spirits"**) - deshalb solange nicht angetastet, weil die Lakota-Religion von Seiten diverser Lakota, darunter Medizinmänner, profanisiert worden war. Von Mund zu Mund verbreitete sich die Nachricht von der bevorstehenden Zeremonie auf den einzelnen Reservaten. Als ich mich einige Wochen vorher in Green Grass aufhielt, hatte besonders Archie Fire Lame Deer`s[1] Vorhaben, mit einer Gruppe ihn bezahlender Weißer von Kalifornien aus über die Hopi-Mesas zur Zeremonie in Green Grass zu kommen, große Empörung unter den Traditionellen hervorgerufen. Weil die Zeremonie mit der Büffelkalbpfeife nur die Lakota etwas anginge, verzichtete ich darauf, dabei zu sein. Ein befreundeter

---

1) Archie (Richard) ist der Sohn von John Fire Lame Deer.

Lakota berichtete mir, nur wenige Medizinmänner hätten daran teilgenommen, wohl wegen der bestehenden Unstimmigkeiten unter ihnen. Arwals Vater habe prophezeit, die gewalttätigen Auseinandersetzungen zwischen Lakota-Indianern würden zunehmen. Was tun, fragte ich. "We have to pray harder." Das Bündel sei, wenn überhaupt, nicht öffentlich geöffnet worden, die nächste Zeremonie dieser Art werde wiederum in sieben Jahren stattfinden.

Arwal beschreibt die **Sacred Calf Pipe Ceremony** folgendermaßen: Das Peifenbündel wird, da es nicht den Boden berühren darf, an einem Dreifuß befestigt und im Freien in einem Lakota-Altar (**"owanka"**) - ein mittels vier Pfählen, an denen, die vier Kardinalrichtungen farblich symbolisierende Stoffbänder befestigt sind, begrenztes Viereck - plaziert. Die Teilnehmer müssen sich, wie bei Lakota-Zeremonien üblich, erst einer Schwitzhüttenzeremonie unterziehen. Dann können sie ihre eigenen Zeremonialpfeifen von der **Ptehincala hu cannunpa** segnen lassen, heilige Lieder werden gesungen, von der schon erwähnten Trommel begleitet: "The Sacred Pipes is very powerful; it is at the center, and all other pipes are like its roots or branches. The Sacred Pipe transfers its power to the other pipes. All pipes have to be blessed, made sacred (yuwakan)." (ebd.1987:69) Jeder Medizinmann kann dies tun, denn die Pfeife eines Medizinmanns besitzt sehr viel ´Macht´. Viele Leute jedoch wollen ihre Pfeifen von der **Sacred Pipe** segnen lassen (ebd.). Mein "Informant" erzählte mir, daß er und die übrigen anwesenden **pipe carriers** (Inhaber von Gebetspfeifen) einer nach dem anderen zu dem heiligen Bündel gegangen seien, um dort zu beten bzw. ihre Pfeifen segnen zu lassen. Der Altar sei mit Salbei begrenzt gewesen; im Weltbild der Lakota ist Salbei eine reinigende Pflanze, die böse Geister und Kräfte fernhält.

Die heilige Büffelkalbknochenpfeife, den Lakota von der Büffelkalbfrau/**Wohpe** geschenkt, um Fruchtbarkeit und universale geistige Einheit herzustellen (Schwarzer Hirsch 1982:15-16), ist nicht zum anachronistischen musealen Objekt degeneriert worden, wie andere Gegenstände aus dem religiösen Kontext der Lakota. Für traditionell Denkende, Empfindende ist sie bis heute apodiktisch das sakralste "Ding" ihrer Kultur, für sie ist die der Pfeife innewohnende Macht

oder Kraft, welche positiv wie negativ wirken kann, real, sie ist
lila **wakan** (sehr heilig). Dieser dynamis sei es zu verdanken, daß
die Pfeife sich noch in den Händen der Lakota befindet und dem
lebendigen Vollzug ihrer Religion angehört. Arwal: Die Kraft der
Pfeife ist wirklich. Einmal schickte der Indianeragent die Indianerpolizei los, um die heilige Pfeife zur Cheyenne Agency, dem
Hauptquartier des Reservats, zu bringen. Sobald sie dies taten,
begannen die Indianerpolizisten zu sterben, einer nach dem anderen.
Deswegen bat der Agent den Bewahrer der Pfeife, sie wieder zu
holen. Er nahm sie und ging den ganzen Weg zu Fuß nach Green Grass
zurück. Doch alle Polizisten, die in die Angelegenheit verwickelt
waren, starben trotzdem (1987:71).

Der gegenwärtige Pfeifenbewahrer arbeitet auch für "Alcoholics
Anonymous", woraus sich erkennen läßt, wie sehr die Droge Alkohol,
den Lakota vor dem Kontakt mit Euroamerikanern unbekannt, ihre individuelle wie soziokulturelle Integrität unterminiert.[1]

b) Das rituelle Rauchen der cannunpa wakan

Aus emischer Perspektive ist die Büffelkalbknochenpfeife die
erste Zeremonialpfeife, welche die Teton-Sioux verwendeten. Auf
diese führen sie die Entstehung und den Usus von Zeremonialpfeifen
zurück. Fingers: "The shamans instucted the people that they could
make other pipes and use them and that Wohpe would be in the smoke
of any such pipe if smoked with proper solemnity and form."
(Walker:1980:111-112) Aus etischer Sicht soll eine Diffusion der

---

1) Ich habe keinen nordamerikanischen Indianer kennengelernt, der
nicht entweder exzessiv Alkohol konsumierte oder abstinent war. Ein
Medizinmann der Nördlichen Cheyenne, mit dem ich über das Alkoholproblem in den Reservaten sprach, hielt die Theorie, die Indianer
könnten aufgrund ihrer Erbanlagen ihren Alkoholkonsum schlechter
kontrollieren als Weiße, nicht für diskriminierend. Umgekehrt habe
er festgestellt, daß Indianer ihren Tabakkonsum besser im Griff
hätten und auch nicht so leicht am Nikotingenuß erkrankten, im Gegensatz zu den Weißen, deren Vorfahren diese Droge erst über die
Indianer kennenlernten.

zeremoniellen Pfeife im 18.Jahrhundert von den am Mississippi lebenden Stämmen ausgegangen sein, und zwar zuerst in das östliche Nordamerika;dann im 19.Jahrhundert habe sie sich bei den westlichen Prärie- und Plainsstämmen verbreitet. Nach neueren Forschungen ist sie aber bereits im 17.Jahrhundert im Präriegebiet bekannt gewesen (Lindig, in Hirschberg 1988:243).

Die typische **cannunpa wakan** (heilige Pfeife) der Lakota besteht aus einem Pfeifenkopf aus Catlinit[1] und einem hölzernen Pfeifenstiel. Man unterscheidet bezüglich des Kopfes zwischen L-Form und T-Form, bei letzter muß man sich den Buchstaben umgedreht vorstellen. Der Stiel hat an einem Ende ein, der Öffnung im Kopf entsprechendes, schmaleres Verbindungsstück, am anderen Ende findet sich oftmals ein ähnlich gestaltetes Mundstück. Unter handwerklich-ästhetischem Gesichtspunkt reicht das Gestaltungsspektrum von sehr schlichten bis sehr kompliziert ausgeführten, reichlich verzierten Exemplaren. Bei letzteren ist der Kopf beispielsweise mit Intarsien versehen oder in Form eines Bisons gehalten, der Stiel mit zoomorphen Reliefs, geplätteten Stachelschweinborsten ("quillwork"), Perlen, Federn etc. dekoriert. Vergleicht man heutige Arbeiten mit Stücken des 19.Jahrhunderts in Völkerkundemuseen[2], so stellt man keinen bedeutenden Unterschied bezüglich Material und Gestaltung fest.

---

1) Der Pfeifenstein, von den Lakota roter Stein genannt, wurde nach dem Indianermaler George Catlin (1796-1872) benannt, der gegen den Willen von Sioux-Indianern den Steinbruch im heutigen Minnesota aufsuchte und Mythen verschiedener Stämme über die Entstehung dieses rotbraunen Gesteins sammelte (Siehe Catlin: "Die Indianer Nordamerikas", 48. und 49.Kapitel !). Heute ist der Steinbruch ein "National Monument". Ausschließlich Indianern ist es rechtlich gestattet, dort das Catlinit, welches nur an dieser Stelle vorkommen soll, für ihre Belange abzutragen.

2) Traditionalisten fordern, daß die Zeremonialpfeifen ihrer Vorfahren , die in Museen ausgestellt sind, den Lakota zurückgegeben werden sollen.

Eine Zeremonialpfeife wurde und wird, sofern in traditioneller Weise genutzt, in einem eigens für sie gefertigten Behälter aufbewahrt. Typisch ist die lederne Pfeifentasche mit Fransen am unteren Ende (**cantojuha**, von **cante** (Herz) und **ojuha** (Tache, Beutel); Powers 1982:86), die mit geometrischen Symbolen ("quillwork", Perlenstickerei) verziert sein kann. Im traditionellen Stil gefertigte, vollständig bestickte Pfeifentaschen haben einen Marktwert von zirka tausen US-Dollar. Ich habe auch Lakota getroffen, die einen Behälter aus Birkenrinde besaßen, oder ihre Pfeife in einem verschnürten Bündel aus Salbei, Stoff und Leder verwahrten. Pfeifenkopf und Stiel werden nur zum rituellen Gebrauch zusammengesetzt.

Die Symbolträchtigkeit der **cannunpa wakan** ist schier unerschöpflich. Hehaka Sapa (Nicholas Black Elk) rauchte seine Pfeife mit Neihardt und weihte ihn in ihren, das sinnlich Wahrnehmbare transzendierenden Sinngehalt ein. Bevor wir sie rauchen, sagte er, mußt du sehen, wie sie gemacht ist und was sie bedeutet. Diese vier Bänder hier am Stiel sind die vier Viertel des Universums. Das schwarze ist für den Westen, das weiße für den Norden, das rote für den Osten und das gelbe für den Süden. Und diese Adlerfeder hier steht für den Einen, der wie ein Vater ist, und auch für die Gedanken der Menschen, die wie Adler aufsteigen sollten. Ist nicht der Himmel ein Vater und die Erde eine Mutter, und sind nicht alle lebendigen Dinge ihre Kinder? Und dieses Stück Fell hier am Mundstück, das vom Bison sein sollte, steht für die Erde, von der wir kommen und an deren Brust wir ein Leben lang saugen wie Babies, zusammen mit all den anderen Tieren und Vögeln und Bäumen und Gräsern. Und weil sie all das bedeutet und mehr, als irgend ein Mensch verstehen kann, deshalb ist die Pfeife heilig (Neihardt 1972:2-3).

Lame Deer erzählte Erdoes den Sintflut-Mythos der Sioux, demzufolge der Pfeifenstein das versteinerte Fleisch und Blut der Ertrunkenen ist (1979:273). Er interpretiert die heilige Pfeife so: "Die Pfeife nämlich, das sind wir (...) Der Stein ist unser Blut, rot wie unsere Haut. Die Öffnung im Pfeifenkopf ist unser Mund, und der Rauch (...) ist (...) der sichtbare Atem unseres Volkes... Wenn wir auf unserer Großmutter, der Erde, stehen und die heilige Pfeife im Gebet heben, dann formt der Pfeifenstiel eine Brücke von der Erde durch den Menschen (...) zu wakan tanka... Wenn die Pfeife mit unserem heiligen Tabak (...) gefüllt ist, symbolisiert jeder noch so kleine Krümel in der Pfeife eines der Lebewesen auf dieser Erde..., das ganze Universum ist in dieser Pfeife vertreten." (ebd.:277) Nach Arwal Looking Horse steht der Stiel für das männliche und der Kopf für das weibliche Prinzip (1987:73) - und konsequenterweise für die Vereinigung beider. Auch die Vorstellung vom Weltende in der Weltanschauung der Lakota ist mit der Pfeife verknüpft, denn die Stifterin des Gebetsinstruments prophezeite, am Ende der vier Weltalter[1] wiederzukehren (Schwarzer Hirsch 1982:19).

Walker erfuhr von Sword, daß jedes **tiospaye** ("band") eine Zeremonialpfeife haben konnte, die ein "keeper", von einem **wicasa wakan** dazu beauftragt, verwahrte. Jeder **wicasa wakan** konnte eine sakrale Pfeife besitzen, jede Pfeife konnte zeremoniell verwendet werden (Walker 1980:82). Sword beschrieb ihm, wie die Pfeife rituell geraucht wurde: Das Rauchmaterial sollte sorgfältig auf einem Klotz oder Brett bereitet werden, dabei konnte man beten oder singen. Der Pfeifenkopf sollte in der linken Hand gehalten werden, und der Stiel zum Körper weisen. Das Rauchmaterial sollte vorsichtig mit der rechten Hand in den Kopf getan und mit einem Stopfer niedergedrückt werden; auch während des Füllens der Pfeife konnte man beten oder singen. Die Pfeife sollte mit einer brennenden Kohle, nicht mit einer Flamme, angezündet werden, und der Inhalt sollte aufgeraucht werden. Falls sie ausging, bevor ihr Inhalt verbraucht war, sollte sie geleert und erneut gefüllt werden; die Überreste des Rauchmaterials sollten ins Feuer getan werden. Beim Rauchen der Pfeife sollte man an das denken, weswegen man die Pfeife auf diese Weise rauchte, und so würde der Gott(Walkers Dolmetscher Bruce Means hat wohl **Wakan Tanka** mit "the God" übersetzt) an dasselbe denken. Wurde die Pfeife gemeinsam geraucht, so sollte sie von einem zum anderen gereicht werden, und jeder sollte einen bis zwei Züge nehmen: "The spirit in the smoke will soothe the spirits of all who thus smoke together and they will be as friends and think alike..." Die

---

1) In der Mythologie wird die endliche Zeit von einem Bison symbolisiert, der jedes Weltalter ein Bein verliert (Schwarzer Hirsch: 233).

Die Lakota sollten die Pfeife nur aus wichtigem Anlaß heraus gebrauchen, die erste rituelle Handlung in jeder Zeremonie sollte das Rauchen der heiligen Pfeife sein. Bei einer auf das Rauchen folgenden Zeremonie sollte Süßgras verbrannt werden, denn dies sei **Wakan Tanka** angenehm; Rauch von verbranntem Salbei vertreibe alles Negative. (ebd.:82-83) Das rituelle Rauchen schafft somit eine unio mystica von Betendem und **Wakan Tanka** respektive eine unio mystica der Teilnehmenden. Die heilige Pfeife integriert sämtliche Zeremonien der Lakota, insbesondere die auf die Büffelkalbfrau zurückgeführten sieben.

"Have you ever seen a real Indian peace pipe?" fragte mich die Frau eines Medizinmannes in Cherry Creek, Cheyenne-River-Reservat. Die Pfeife in ihren Händen war nur eine von vielen von Lakota gefertigten Pfeifen, die ich zu Gesicht bekommen habe. Denn zum einen ist die **cannunpa wakan**, wie wir gesehen haben, ein so essentieller Bestandteil der authochtonen Kommunikation mit dem "Numinosen", daß eine Revitalisation zeremonieller Handlungen ohne sie völlig undenkbar wäre; zum anderen werden in bestimmten Geschäften in Rapid City und anderswo Catlinit-Pfeifen neben anderem Lakota-Kunsthandwerk zum Kauf angeboten. Die Kommerzialisierung von Catlinit-Pfeifen, die Herstellung von Aschenbechern und ähnlichen Souveniers ist der traditionellen Beziehung der Lakota zu dem Pfeifenstein (**pipe stone**) diametral entgegengesetzt. Einer der Sioux, die Catlin davon abhalten wollten, zu dem Steinbruch zu reiten, sagte ihm: " Der Große Geist hat uns gesagt, daß wir aus dem roten Stein nur Pfeifen machen sollen", und ein anderer sagte: "Tschan-dih-pah-scha-kah-frih (der rote Pfeifenstein) ist uns von dem Großen Geist gegeben worden, und niemand darf nach seinem Preise fragen, denn er ist Medizin." In Green Grass wurde eine Petition verfaßt, nach der der Abbau des Pfeifensteins ganz untersagt werden soll.

Das erste Mal rauchte ich die Zeremonialpfeife mit Lakota-Indianern 1982 im **Yellow Thunder Camp**, im Anschluß an eine Schwitzhüttenzeremonie. Das Camp verstand sich als modernes **tiospaye**, dessen Pfeife, bis sie gestohlen wurde, ein junger Mann in seinem Tipi verwahrte. 1987 platzte ich einmal in ein Zimmer, in dem ein Medizinmann gerade dabei war, mit seiner Pfeife, die er den vier Himmelsrichtungen entgegenhielt, auf Lakota zu beten Bei allen Zeremonien, denen ich beiwohnen durfte, war die Pfeife präsent, auch bei einer modernen Lakota-Hochzeit, bei der ein Medizinmann die priesterliche Funktion übernimmt. Der Bewahrer der Büffelkalbknochenpfeife behauptet, beinahe jede Familie besitze eine sakrale Pfeife. "He broke his pipe", sagte mir einmal ein Lakota, um mir deutlich zu machen, daß der Betreffende moralisch verwerflich sei. Von Traditionalisten wird häufig kritisiert, daß zahlreiche Individuen mit der Pfeife und anderen Elementen der traditionellen Religion bloß spielerisch umgehen ("They play with it.") und deshalb Schaden auf sich ziehen würden. Ein Lakota ging sogar soweit, zu vermuten, daß manche Nicht-Lakota seine Religion besser leben könnten.

Der Akt des rituellen Rauchens hat sich, verglichen mit Swords Beschreibung, die er um die Jahrhundertwende gab, nicht verändert, sieht man davon ab, daß heutzutage Feuerzeug und Streichhölzer benutzt werden, und daß die Pfeife nicht neu gefüllt wird, wenn sie ausgegangen ist. Die Pfeife wird, früher wie heute, erst den vier Kardinalrichtungen swie Zenith (**Wakan Tanka**) und Nadir (Mutter Erde) offeriert, bei den Himmelsrichtungen beginnt amn im Westen. Entweder deutet man das Mundstück in die das Uni-versum markierenden Richtungen, oder man hält die Pfeife mit ausgestreckten Armen empor, das Mundstück der jeweiligen Richtung zugewandt, und dreht sich mit ihr von Westen über Norden und Osten bis nach Süden.(Diese Kreisbewegung im Uhrzeigersinn (**clockwise**) bzw. analog zum scheinbaren Lauf der Sonne (**sunwise**) ist allen zeremoniellen Handlungen eigen. Nur der **heyoka**, auf den wir noch zu sprechen kommen, verstößt gegen diese Verhaltensregel.) Geraucht wird **cancasa**, das ist die getrocknete und zerkleinerte innere Rinde der roten Weide. Die Teilnehmer sind stets in Kreisform angeordnet. Sie fassen mit der linken Hand den Kopf und mit der rechten den oft relativ langen Stiel und geben die Pfeife immer nach links weiter, so daß sie einen vollen Zirkel beschreibt. Beim Weiterreichen der **cannunpa** adressiert man seinen Nachbarn, auch wenn sonst Englisch gesprochen werden sollte, mit **"hau mitakuyas"** (bzw. **"mitakuye oyasin"**).[1] Damit

1) **Hau** drückt einen Gruß bzw. eine Affirmation aus. **Mitakuyas** be-

bringt man einen elementaren Gedanken der Lakota-Philosophie zum Ausdruck, nämlich den der universalen Verwandtschaft: "We know that we are related and are one with all things of the heavens and the earth, and we know that all things that move are a people as we."[1] (Brown 1953:97) Hat die Pfeife die Runde gemacht, trennt ihr Eigentümer Kopf und Stiel und verwahrt sie wieder in seinem Pfeifenbeutel oder ähnlichem.

c) Inikagapi – die Schwitzhüttenzeremonie

Früher, so erzählte der Oglala Nicholas Black Elk[2] dem Anthropologen Joseph Epes Brown Ende der vierziger Jahre, hätten sich die Lakota der Purifikationszeremonie **inikagapi** (von **i** : "by means of, on account of", **ni**: "life, breath" und **kagapi**: "they make, cause"; Powers 1982:89) täglich einmal, wenn nicht mehrmals, unterzogen. Er beklagte das Verschwinden dieser den Menschen kräftigenden Zeremoie und sagte, er bete darum, daß die jungen Lakota ihren Wert wiedererkennten (Schwarzer Hirsch 1982:62). Hekapa Sapa (Black Elk), den Brown "a living example of the traditional values of his people" genannt hat (Curtis 1972:Einleitung), starb 1950 und erlebte die Rückbesinnung auf das rituelle Schwitzbad, bei dem sich therapeutische und religiöse Motive durchdringen, nicht mehr.

Oft stößt man in den Reservaten auf den Grundstücken traditioneller Lakota auf die kuppelförmige Schwitzhütte, **initi**, **inipi** oder **initipi** auf Lakota, von Indianern wie Weißen gewöhnlich **sweat lodge** genannt. Sie gehört auch zu den typischen Elementen eines Protest-Camps. Die **sweat lodge ceremony** ist obligatorischer Bestandteil der Visionssuche und des Sonnentanzes. Da sie aber nicht an eine spezi-

---

deutet "mein Verwandter", **mitakuye oyasin** "all my relatives".

1) Beispiel: **wanbli oyate** (Adlervolk).

2) "Schwarzer Hirsch" ist keine korrekte Übersetzung, da mit "elk" im Amerikanischen der Wapiti gemeint ist.

fische Lebenssituation, nicht an einen spezifischen Zeitraum gebunden ist, halten verschiedene Medizinmänner, aber auch andere mit der Zeremonie Wohlvertraute, fast täglich, meist in den frühen Abendstunden, Schwitzhüttenzeremonien ab und bieten jedem interssierten Lakota als auch anderen Indianern und Weißen die Möglichkeit, auf traditionelle Weise zu schwitzen. Das Ziel von **inikagapi** ist es, die Partizipienten psychophysisch zu reinigen und so, wie schon aus Powers etymologischer Analyse zu ersehen war, die (angegriffene) Lebenskraft zu vitalisieren.[1]

Das Gerüst einer Schwitzhütte wird nach wie vor aus Weidenruten errichtet; diese werden an den Berührungspunkten aber nicht mehr mit nassen Rohhautriemen, sondern mit roten Stoffbändern zusammengebunden. Bisonhäute sind rar und kostspielig geworden, also wird das Gerippe um die zentrale Vertiefung im Boden mit Zeltplanen und Plastikfolien abgedeckt. Die Öffnung ist dadurch gewährleistet, daß sich an einer Seite eine Plane hochklappen läßt. Der Eingang liegt normalerweise im Westen, kann sich aber auch im Osten befinden, etwa wenn sich zwei Schwitzhütten, mit einer Feuerstelle in der Mitte, gegenüberliegen. Äxte und, falls vorhanden, Motorsägen erleichtern die Beschaffung der beträchtlichen Menge Holzes, mit der die Steine (**inyan wakan: sacred rocks**[2]) auf der Feuerstelle (**peta oihankesni**: Feuer ohne Ende) einige Meter vor dem Schwitzhütten-

---

1) Sword gegenüber Walker: Die weißen Leute nennen es Schwitzhütte ("sweat lodge"); für die Lakota ist es eine Hütte, um den Körper stark und rein zu machen. Wenn ein Lakota **ini** macht, so macht er sein **ni** stark und hilft ihm, all das aus dem Körper zu entfernen, was ihm schadet. Das **ni** eines Lakota ist das, was er in seinen Körper einatmet. Es geht ganz durch diesen hindurch und hält ihn am Leben (Vergleichbar mit der "prana"-Vorstellung des Yoga; Anm. d. Verf.). Wenn das **ni** den Körper eines Lakota verläßt, ist er tot (Walker 1980:100). **Inipi** bewirkt, daß das **ni** eines Menschen all das aus seinem Körper entfernt,was ihn falsch denken läßt (ebd.:83-84).
2) Nach Walker ist "Inyan (the Rock)" in der Mythologie die primäre Quelle von allen Dingen: "Before there was any other thing, or any time, Inyan was,and his spirit was Wakan Tanka (...) Inyan was soft and shapeless but he had all powers..." (1980:50-51)

eingang zum Glühen gebracht werden. Ein "Pick-up" (Pritschenwagen) erleichtert den Transport des Brennmaterials.

Mehrmals habe ich die Aufgabe übernommen, die Steine, die im **initipi** mit Wasser übergossen werden, zu erhitzen. Die Feuerstelle ist eine runde Mulde, von einem Wall aus den verwendeten Steinen umgeben. Dieser Wall ist an der dem Hütteneingang zugewandten Seite offen, denn ein weiteres konstitutives Element der gesamten Anlage ist der, Feuerstelle und Schwitzhütte verbindende Pfad **inyan canku** (Weg für die Steine). Der Tradition folgend hatte ich in die Mitte der Feuerstelle vier Scheite in Ost-West-Richtung und darüber vier in Nord-Süd- Richtung zu legen. Dann folgten vier Steine analog zu den vier Himmelsrichtungen, und darauf türmte ich die restlichen Steine, deren Anzahl nicht eigens vorgeschrieben ist (Es handelt sich um etwa zwanzig). Nun schichtete ich das übrige Holz um die Steine herum auf, bis das Ganze der Form nach einem konischen Tipi glich.

Es dauert Stunden, bis das Feuer heruntergebrannt ist; allmählich finden sich die Teilnehmer bei der Schwitzhütte ein. Man sitzt auf Klappstühlen, Bänken oder auf der Erde, bespricht diverse Angelegenheiten oder lernt sich erst kennen, Ältere hört man auf Lakota miteinander reden. Die Lokalität ist vor, während und nach dem eigentlichen Schwitzen ein Ort der Begegnung, der Kommunikation. In der Regel sind es ausschließlich Männer, die zum **sweat** zusammenkommen; es gibt aber auch spezielle Schwitzzeremonien für Frauen und gelegentlich auch solche, an denen Männer und Frauen teilnehmen. Sind beide Geschlechter anwesend, so bleiben die Frauen, im Gegensatz zu den Männern, bekleidet. Die Männer entkleiden sich vollständig und bedecken ihre Scham mit einem um die Hüften geschlungenen Handtuch, welches den ursprünglich gebräuchlichen ledernen Schurz ersetzt.[1]

1) Lame Deers Anweisung "Wenn du in die Schwitzhütte kriechst, komme nicht (...) mit einem Handtuch um die Lenden. Du sollst ja wiedergeboren werden (...) Also zier dich nicht." (1979:203) gibt seine persönliche Attitüde wieder, ist aber nicht repräsentativ weder für die ehemalige noch für die derzeitige Sexualmoral der Lakota.

Der Leiter der Zeremonie betritt als erster mit der **cannunpa wakan** das **initipi** und räuchert es mit Salbei bzw. Süßgras, dann lehnt er die präparierte Pfeife an den Erdhügel **unci** (Großmutter) vor dem Eingang bzw. an eine Stütze aus Ästen (**pipe rack**). Dieser Erdhügel ist manchmal mit Steinen umlegt, manchmal liegt ein Bisonschädel darauf. Einer nach dem anderen kriecht nun mit den Worten "**mitakuye oyasin**" im Uhrzeigersinn in die niedrige Hütte. Der Leiter sitzt rechts vom Eingang, das heißt, er muß beinahe vollständig um die Grube im Zentrum herumkriechen, um seinen Platz einzunehmen. Traditionellerweise sitzt man in einer **sweat lodge** (im Schneidersitz oder auf den Fersen) auf Salbeizweigen, die auf dem Erdboden zwischen Grube und Wand ausgebreitet worden sind. Viele Lakota scheuen sich jedoch nicht, die Sitzfläche mit Teppichbodenresten und ähnlichen Materialien auszulegen. Ein kommerzieller Eimer hat den Ledersack ersetzt, in dem ursprünglich das verwendete Wasser transportiert wurde, der Leiter hat ihn mit einem Schöpflöffel neben sich stehen.

Eine Person, meist dieselbe, die die Steine erhitzt hat, ist dazu bestimmt, die glühenden Brocken mit einer Heugabel - also nicht mehr mit einem gegabelten Stock oder ähnlichem - in die Schwitzhütte zu befördern; bei einem Männerschwitzbad kann auch eine Frau diese Aufgabe übernehmen. Die Arbeit des Helfers ist bereits schweißtreibend, denn die auseinandergefallenen Steine und Holzreste strömen eine immense Hitze aus, die Steine sind ziemlich schwer und schwierig auf der Gabel zu balancieren. Der Leiter manövriert die ersten sieben Steine, von denen vier in die vier Himmelsrichtungen gelegt werden, mit einem Geweih in der Grube und verteilt die restlichen gleichmäßig. Scherzhaft fordern Teilnehmer ihn auf, einen besonders heißen Stein näher zu dieser oder jener Person hinzuwenden. Der Helfer bleibt normalerweise außerhalb der Schwitzhütte rechts vom Eingang. Auf Anweisung öffnet und schließt er die Eingangsklappe und reicht die Pfeife herein.

Hat man sich vergewissert, daß die Hütte vollständig abgedunkelt ist, beginnt das in vier Segmente gegliederte rituelle Ausschwitzen. Viermal lüfet der Helfer auf des Leiters Ruf "**mitakuye oyasin**" die Eingangsklappe und läßt Luft und Licht herein; hält ein Teilnehmer die Hitze nicht mehr aus, kann auch er über den Ruf "**mitakuye oyasin**" die Unterbrechung herbeiführen. Zu Beginn und während jeder Schwitzrunde (**round**) gießt der Leiter Wasser auf die heißen Steine und erzeugt so heißen Dampf, auch verbrennt er Salbei, Süßgras, manchmal auch Zedernblätter. In den "Pausen" reicht er jedem Teilnehmer einen Schöpflöffel Wasser zum Trinken oder Benetzen des erhitzten Körpers, er selbst erfrischt sich zuletzt. Die Gesänge, die er in den den dunklen Phasen intoniert, werden auch heute noch, möglichst von allen Teilnehmern, auf Lakota gesungen. Die Mehrheit der Lakota beherrscht die Sprache ihrer Vorfahren nicht, andere nur noch teilweise, weil sie in ihrer Kindheit zum Besuch einer "boarding school" gezungen wurden. Aber viele haben zumindest die spezifischen Gesänge der Schwitzhüttenzeremonie oder des Sonnentanzes memorisiert und wissen um die inhaltliche Bedeutung. In der zweiten Runde ist es üblich, daß reihum jeder ein spontanes persönliches Gebet zu **tunkasila** (Großvater,-väter) richtet. Wer Hemmungen hat, laut zu beten, kann seine Bitten auch gedanklich vortragen und abschließend die Formel "**mitakuye oyasin**" sagen, wodurch sein linker Nachbar weiß, daß er an der Reihe ist. Wer der Lakota-Sprache mächtig ist, benutzt sie zum Gebet, es sei denn, er legt Wert darauf, daß seine Worte mit Sicherheit von allen verstanden werden. Ansonsten kann in jeder Sprache gebetet werden. Mit **Tunkasila** ist **Wakan Tanka** gemeint, aber auch die **grandfathers**, das sind die Hilfsgeister Verstorbener[1]. Gebetet wird für das Wohl der Anwesenden, der Angehörigen, das Volk der Lakota ...: "**Tunkasila**,watch over..." Auch Wünsche bezogen auf die eigene Person werden geäußert, beispielsweise die Bitte um die Erklärung eines

---

1) No Flesh 1899 über die Geister Verstorbener: "When a man dies, his spirit stays near for a time (...) The good spirit goes to the spirit world (...) The spirit stays in the spirit world. It can come to the world. It can talk to mankind. A wakan man can talk with a spirit. A spirit can talk with its friends." (Walker 1980: 116-117) Ein junger Lakota zeigte mir eine Zeichnung, die er von einer Schwitzhüttenzeremonie angefertigt hatte. Neben den durchgezeichneten Personen in der Kuppel waren andere nur schemenhaft, schattenhaft abgebildet: "The **spirits**."

Traums. Nicht selten wird darum gebetet, daß die Lakota an ihren Traditionen festhalten mögen und nicht dem Alkohol und der Apathie verfallen. Die übrigen geben ihre Zustimmung zu dem Gesagten mit dem Ausruf "**hau!**".

Ein Beobachter, der nicht wüßte, daß es sich hierbei intentional um eine Kommunikation zwischen zwei sich reflektierenden Welten, der irdischen und der spirituellen, handelt, könnte diesen Teil der Zeremonie als eine Art psychotherapeutsiche Sitzung auffassen, denn den Teilnehmern bietet sich die Möglichkeit, offen und emotional ihren Sorgen und Wünschen Ausdruck zu verleihen. Meistens ist es die dritte Runde, in der die Pfeife auf die weiter oben beschriebene Weise gemeinsam geraucht wird. Nach Bendigung des vierten Durchgangs treten die Teilnehmer mit dem Spruch **"mitakuye oyasin"**, beginnend mit dem Leiter, ins Freie. Man trocknet den noch schweißnassen Körper ab - nur einmal habe ich es erlebt, daß im Anschluß ein kaltes Bad genommen wurde - und kleidet sich an. Meist ist es bereits dunkel geworden, und man unterhält sich am Schein der immer noch schwelenden Feuerstelle.

Der Leiter einer Schwitzhüttenzeremonie, die während eines Sonnentanzes allen Nicht-Tänzern offenstand, stellte sich als **heyoka**[1] vor: "I am a **heyoka** and I'm a very pitiful person." Wer von den Erschienenen, darunter auch zwei Navajos, nicht wußte, welches Rol-

---

1) Thomas Tyon alias Grey Goose über die **heyoka** in der traditionellen Gesellschaft: Wer von **Wakinyan** (gewöhnlich mit "Thunderbird", "Thunder-being" oder "the Winged (one)" übersetzt; Anm. d. Verf.), wird **heyoka** genannt. Ein **heyoka** sagt immer das Gegenteil von dem, was er meint. Den **heyoka**-Träumer überfällt große Angst, wenn es donnert und blitzt. Man sagt, die **Wakinyan** befehlen ihm, die **heyoka**-Zeremonie ("Heyoka Woze, `heyoka ladle out (of a pot)´") auszuführen. Die **Wakinyan**-Träumer bringen die Leute absichtlich zum Lachen. Es gibt nur eine schlechte Sache, die ihnen befohlen wird: jemanden umzubringen. Männer wie Frauen haben **heyoka**-Träume, aber sie verstehen sie nicht, und es heißt, daß sie ihnen von einem heiligen Mann erläutert werden. Alles was sie tun, tun sie umgekehrt, was sehr lustig ist (Walker 1980:155-157).

lenverhalten einen **heyoka** charakterisiert, erfuhr sehr bald, daß sich ein **heyoka** den Normen gegenüber konträr verhält und so Heiterkeit hervorruft: Mit einem Adlerfederfächer verspritzte der Leiter kaltes Wasser aus dem Eimer auf die Männer in der verschlossenen **sweat lodge,** bevor er es auf die Steine goß; abschließend mußten die Teilnehmer gegen den Uhrzeigersinn aus dem Schwitzzelt kriechen. Ich erwähne diese Begebenheit unter anderem deshalb, um zu zeigen, daß das Spektrum der Survivals größer ist, als man im Hinblick auf den Kulturdruck des "american way of life" annehmen möchte. Die **heyoka**-Zeremonie, bei der die "Clowns" mit bloßen Händen Hundefleisch siedendem Wasser entnehmen, taucht ab und zu in Erzählungen auf, gehört aber höchstwahrscheinlich nicht zum Revitalisations-Repertoire.[1] - Zwei weitere Anekdoten im Zusammenhang mit **inikagapi** sollen zeigen, daß die Traditionalisten auch heutzukeine Verstöße gegen rituelle Präskriptionen dulden, da ein solcher Verstoß, wie schon weiter oben angeklungen ist, negative Wirkungen kausieren kann.[2]

[1] Eine Wiederbelebung jedweden Elements der authochtonen Kultur halte ich aufgrund meiner Erfahrungen für jederzeit möglich. - Je vertrauter man mit den auf den ersten Anschein so amerikanisiert wirkenden Indianern wird, desto bewußter wird einem, wie sehr sie von ihrem traditionellen Natur- und Menschenbild geprägt sind. Ein mit einer Lakota verheirateter Franzose sagte mir, bezogen auf eine kleine Ortschaft des Cheyenne-River-Reservats, in der er über ein Jahrzehnt gelebt hatte: "They watch TV and everything, but in their minds they are still like a hundred years ago."

[2] George Sword 1896 über den normativen Charakter der heiligen Handlungen: In den alten Zeiten glaubten die Lakota, daß **Wakan Tanka** stets überall war, alles bemerkte, was jeder Mensch tat und sogar, was er dachte, und daß das, was man tat, ihm gefallen oder mißfallen könnte. Deshalb wurden den Leuten von den Schamanen Zeremonien gelehrt, welche den **Wakan Tanka** gefallen würden, und damit sie ihre Gunst gewännen. Hinsichtlich allem, was ein Mensch tut, lehrten sie Zeremonien. Diese Zeremonien müssen genau so ausgeführt werden, wie sie gelehrt wurden. In der Zeremonie muß jedes Wort richtig gesagt und jede Bewegung richtig vollführt werden. Wird eine Zeremonie nicht richtig ausgeführt, bewirkt sie nichts Gutes, sondern kann viel Schaden anrichten (Walker 1980:75).

Als ich zum ersten Mal an einem Schwitzbad teilnahm, verließ ich aus Unwissenheit das **initipi** gegen den Uhrzeigersinn und mußte, da ich, wie es hieß, kein **heyoka** war, zurück ins Schwitzzelt, um es in der kultimmanenten Bewegungsrichtung zu verlassen. - Einmal schickte der Leiter einen Jungen, der übrigens ein Weißer war, zu einem zirka 150 Meter entfernten Haus, um den benötigten Eimer Wasser zu besorgen, zwischen Schwitzhütte und Haus floß ein Bach. Als der Junge wiederkam, war er so durstig geworden, daß er hastig eine Kelle von dem Wasser trank. Der Leiter ließ ihn das Wasser auskippen und neues holen, da, wie er sagte, erst "**Mother Earth**" von dem Wasser zu trinken habe.

Die gegenwärtige Schwitzhüttenzeremonie weicht von ihrem originären Vorbild nur äußerlich ab, moderne Materialien und Werkzeuge sind an die Stelle von organischen getreten. "**Mitakuye oyasin**" ist die Parole von **inikagapi**; der direkte Kontakt zu den Grundelementen Wasser, Feuer, Erde, Luft, Holz und Stein, das Aufgehen in der Gemeinschaft, das Erspüren eines universalen Beziehungsnexus, die symbolische Wiedergeburt aus der, die Gebärmutter symbolisierenden Schwitzhütte stellen eine Alternative zur anonymen, klinischen, individualistischen angloamerikanischen Gesellschaft dar, zum seelischen Tod im wenige Stimuli bietenden Reservatsalltag. Die von Black Elk ersehnte Wertschätzung dieser revitalisierenden Zeremonie expandiert, denn immer wieder befinden sich Neulinge unter den Teilnehmern.

d) Hanbleceya - die zeremonielle Visionssuche

Über das traditionelle Verständnis von Vision und das zeremonielle Bemühen einer Person um dieselbe äußerte sich George Sword 1886 folgendermaßen: Kein Lakota sollte etwas von großer Wichtigkeit unternehmen, ohne diesbezüglich zuerst eine Vision zu suchen. **Hanble** (eine Vision) stellt eine Kommunikation zwischen **Wakan Tanka** oder einem **spirit** und einem Menschen dar. Sie kann direkt von dem, der sie schickt, kommen, oder sie kann durch einen **akicita** (Botschafter) übermittelt werden. Sie kann unerwartet kommen oder dadurch, daß man sie sucht. Um eine Vision zu erlangen, sollte man zuerst in

die Schwitzhütte gehen, und dann solange wie möglich allein bleiben
und beständig an das denken, worüber man eine Vision erfahren will.
Dabei sollte man weder essen noch trinken, die Pfeife kann man jedoch rauchen. Am besten ist es, sich von einem Schamanen beraten zu
lassen und seinen Anweisungen zu folgen. Erfährt man eine Vision,so
sollte man sich von ihr leiten lassen, denn ansonsten wird **Wakan
Tanka** Unglück über einen bringen. Wenn ein Junge im Stimmbruch ist,
sollte er auf Visionssuche gehen, um eine sein Leben lenkende Vision zu erlangen. Ein Mädchen kann nach einer Vision streben, indem
sie das Blut der ersten Menstruation einwickelt und in einen Baum
plaziert. Sehr alte Männer und Frauen sowie Schamanen erfahren häufig unerwartet Visionen (Walker 1980:79). - Eine Vision ist etwas
von einem **wakan**-Wesen Mitgeteiltes, man erfährt es wie in einem
Traum. Die **wakan**-Wesen ("wakan beings") stehen über den gewöhnlich-
en Menschen, sie wissen, was war, ist und sein wird. Sie können
Lakota und jede andere Sprache sprechen, und sie beherrschen auch
die Zeichensprache. Fast alle höhergestellten Wesen haben **akicita**,
die ihre Botschaften den Menschen mitteilen (ebd.:84). Bei diesen
mit dem Visionssuchenden kommunizierenden Botschaftern (**messengers**)
handelt sich oftmals um reale Tiere.[1]

Hanbleceya, auf Englisch **vision quest** genannt (Die wörtliche
Übersetzung lautet "to cry for a vision"; Powers 1982:61), ist - so
ergibt eine Synopse aus diversen Quellen[2] und den Ergebnissen der
eigenen Feldarbeit - der bewußte Versuch eines Einzelnen, über ein
festgelegtes Verhaltensmuster, ohne die Verwendung von Halluzinoge-
nen, zu der Erfahrung einer mystischen Schau, einer richtungswei-
senden Offenbarung aus der übergeordneten geistigen Welt zu ge-

---

1) Nach Walker sind die Botschafter oder Repräsentanten von **Wakinyan**: Hund, Küstenlerche, Nachtfalke, Frosch, Eidechse und Libelle.
Zu wem die Tiere während der Visionssuche sprechen, muß ein **heyoka**
werden (1917:68).

2) George Sword, in Walker 1980:84-86; Schwarzer Hirsch 1982:63-95;
Erdoes 1972:61-65; Powers 1982:61-62, 91-93, 137-139; Mails 1978:
61-66; Lame Deer/Erdoes 1979:15-21; Powers 1984:33-37, 73-79.

langen.[1] Der Kandidat begibt sich mit dem ihn instruierenden **wicasa wakan**, mit dem er sich zuvor in der Schwitzhütte gereinigt hat, zu einem abgelegenen Hügel, Restberg oder ähnlichem, wo er zwei, drei oder vier Tage und Nächte lang, isoliert von jeglicher menschlicher Gesellschaft, mit seiner **cannunpa wakan** betet.[2]

Äußere Kennzeichen seiner demütigen Haltung gegenüber den übermenschlichen Kräften sind seine Decke als alleiniges Kleidungsstück sowie sein ungeflochtenes Haar[3]. Ohne Nahrung zu sich zu nehmen, verweilt er die von ihm gelobte Zeitspanne innerhalb des für ihn konstruierten heiligen Bereichs - ein von vier in den Boden gesteckten Ästen begrenzter Platz, an denen, die / er Kardinalrichtungen farblich symbolisierende Banner (Schwarz für Westen, Rot für Norden, Gelb für Osten, Weiß für Süden[4]) befestigt sind - beziehungsweise in der Visionsgrube[5] in der Mitte dieses gewöhnlich

1) "For the Lakotas the course of human life was a clear reflection of the workings of Wakan Tanka in the universe." (DeMallie 1987: 29-30)

2) Laut Ella Deloria umfaßt das Lakota-Wort **wacekiye** die Bedeutung von "beten", "um Hilfe anrufen" und "sich auf Verwandtschaft berufen" (1944:28-29).

3) Das betrifft selbstverständlich nur noch Lakota, die ihr Haar, wie es in der Präreservations-Gesellschaft Sitte war, in zwei Zöpfe geflochten tragen.

4) Nicholas Black Elk weicht von dieser, als traditionell anerkanten Farbsymbolik ab (Siehe das Kapitel "Das rituelle Rauchen der cannunpa wakan" !).

5) Da nur wenige Autoren vor Robert Ruby ("The Oglala Sioux: Warriors in Transition", 1955) auf die Visionsgrube ("vision pit") Bezug nehmen - Black Elk etwa oder George Sword erwähnen sie nicht -, vermutet Powers, es könne sich dabei um eine Innovation handeln, um eine Analogie zu der Grube, die zum Adlerfang benutzt wurde, begründet in einer Vision des **Yuwipi**-Mannes Ptehe Woptu`a alias Horn Chips (1836-1916). (1984:94-95)

rechteckigen Feldes. Danach wird er vom Medizinmann wiederum in die Schwitzhütte gebracht, und der heilige Mann hilft ihm, seine visionäre Erfahrung, insofern er eine gehabt hat, zu deuten. Die zeremonielle Visionssuche kann auch mit der Absicht vollzogen werden, sich über den Bedeutungsgehalt einer bereits (unerwartet) erfahrenen Vision klarer zu werden. Eine über **hanbleceya** erfahrene Vision kann eine Person dazu berufen, ein heiliger Mann/eine heilige Frau zu werden: "In my boy vision, the Buffalo came to me and when I sought the shaman's vision, the Wind spoke to me..." (Little Wound 1896, in Walker 1980:67); am vierten Tag seiner **hanbleceya** im Jahr 1939 hatte Willie Wound eine Vision vom "Great Spirit", der ihn aufforderte, ein Medizinmann zu werden (Ruby 1955:50-52).

Das Pferd als Transportmittel ist bei den Lakota längst vom Automobil abgelöst worden[1]; der Medizinmann und der Kandidat begeben sich mit einem Fahrzeug zu dem ausgesuchten Hügel (Die Lakota sagen: "to put s.b. on the hill"), und nicht mehr, wie es bei Black Elk heißt, zu Pferd. Eine Stoffdecke, vorzugsweise ein **star quilt**[2], hat die Bisonrobe als Umhang des Visionssuchenden abgelöst. Innerhalb der gegenwärtigen Restauration des Zeremonialwesens ist **hanbleceya** speziell für angehende Sonnentänzer, Medizinmänner und solche, die es werden wollen, von Bedeutung. Primär geht es nach wie vor darum, spirituelle Kräfte von wohlfährigen Hilfsgeistern (Es

1) Die Bewohner des Pine-Ridge-Reservats, überwiegend Oglala, verkauften ihre Pferdeherden im Anschluß an den von der Agentur erzwungenen Verkauf ihrer Viehbestände zu Beginn des I.Weltkriegs; dahinter stand das Interesse weißer Viehzüchter, das Weideland zu pachten. In den zwanziger Jahren erwarben die "Pine Ridge Indians" Automobile, die sie von den Pachtgeldern finanzierten oder gegen Pferde eintauschten, oftmals fünfundzwanzig Tiere für ein Auto (Macgregor 1946:39).
2) Seit den sechziger Jahren diesen Jahrhunderts haben sich die "star quilts" (**wicahpi sina**) zu einem Symbol für all das, was Lakota ist, entwickelt. Insbesondere als Gegenstand des Geschenkaustauschs bei **give-aways** und anderen Anlässen, traditionellen wie modernen, sind sie sehr populär geworden. Diese "patchwork"-Decken gehen auf den Einfluß britischer und holländischer Immigranten zurück (Powers 1985:117-118).

gibt gute und böse **spirits.**) zu erlangen. Aber jederzeit kann eine Person, etwa aufgrund einer existentiellen Krise, einen Medizinmann darum bitten, ihn auf einen Hügel zu bringen. Ob die Visionssuche unbedingt vier Tage und vier Nächte dauern muß, oder ob auch ein kürzerer Zeitraum der Tradition entspricht, darüber gehen die Meinungen auseinander.

Dem bereits erwähnten Medizinmann in Cherry Creek erzählte ich von einer ungewöhnlichen Nachttraum-Vision, über deren Bedeutung ich gern mehr gewußt hätte, und er, der wenige Tage später seine Tochter zu einem Visionsplatz fuhr, riet mir zum **vision quest**. Dabei betonte er, wie wichtig es sei, sich bereits geraume Zeit vor der Zeremonie innerlich darauf vorzubereiten. Lachend erinnerte er sich an einen Weißen, der partout auf Visionssuche gehen wollte. Der **medicineman** brachte ihn auf einen Hügel, doch schon am nächsten Tag - es war Hochsommer - kam er, von der sengenden Sonne völlig verbrannt, in die Ortschaft zurückgelaufen.

Susanne Einfeld, die sich 1987 im **Hoka Hey Tiospaye Camp** in den Black Hills aufhielt, berichtete mir, daß ein Lakota während einer Schwitzhüttenzeremonie einen Vision hatte und sich deshalb von dem im Camp anwesenden Medizinmann zirka vier Wochen später zu einem entlegenen Platz bringen ließ. Während dieser vier Wochen vor der **hanbleceya** lebte er zurückgezogen von den anderen Camp-Bewohnern, nahm nicht mehr Kaffee und Tabak zu sich und vermied auch jegliche andere Droge. Ein traditioneller Lakota und **AIM**-Aktivist - er möge mir verzeihen, daß ich dies niederschreibe, wie ich ihm verziehen habe, daß er im Alkoholrausch mit meinem Skalp liebäugelte ("Oh, that scalp was running through my breast!") - erzählte mir, daß er auf Visionssuche war, während seine Frau in der Klinik auf die Entbindung wartete. Plötzlich seien zwei Adler[2] über ihm gekreist und dann in Richtung der Stadt, wo sich die Klinik befindet, davonge-

---

1) Adler, insbesondere der "Spotted Eagle" (**Wanbli Gleska**), gelten als Botschafter zwischen der irdischen und der geistigen Welt. Kreist ein Adler über dem Anwesen traditionell gesinnter Lakota, läuft alles ins Freie.

flogen; seine Frau habe die beiden Adler am Fenster vorbeifliegen sehen. Sie gebar Zwillinge, was nach traditioneller Auffassung bedeutet, daß sich zwei Lakota reinkarniert haben. - Beide genannten Indianer flüchteten später erneut in den Alkoholrausch - für sensitive Lakota ist es wohl besonders schwierig, die **Indian ways** und den "American way" in sich harmonisch zu vereinigen. (Ironischerweise wirbt die "Adolph Coors Company" mit einer Serie **Powwow**-Plakate für ihr Bier.)

Der Bear Butte bei Sturgis in South Dakota, **mato sapa** (Bärenberg) auf Lakota, "State Park" seit 1961, ist als Lokalität für die Visionssuche auch für die Lakota nach wie vor von besonderer Bedeutung. Damit die Traditionalisten diverser Plains-Ethnien nicht länger bei ihrer Religionsausübung gestört werden, ist Touristen das Betreten des für Zeremonien genutzten Hangs mittlerweile untersagt.

Andererseits gibt es auch "self-styled medicinemen", die interessierten Nicht-Indianern gegen Bezahlung die Möglichkeit bieten, auf "Visionssuche" zu gehen. Um diese "Visionssuchen" ranken sich Gerüchte, die einer gewissen Tragikomik nicht entbehren; doch das steht auf einem anderen Blatt.

e) Wi wanyang wacipi - die Sonnentanzzeremonie

1. Der Sonnentanz in der Präreservations-Ära

Der sogenannte Sonnentanz war bei den meisten Prärie- und fast allen Plainsstämmen verbreitet (Lindig 1985:169). Die erste schriftliche Erwähnung einer solchen Kollektivzeremonie findet sich, unter der Bezeichnung "Great Festival", in den Schriften von Charles Mackenzie von 1805. George Catlin war wohl der erste, der über diese Zeremonie bei den Sioux berichtete, die er 1833 an der Mündung des Teton River erlebte und die er "looking at the sun" nannte, eine sehr wörtliche Übersetzung ihrer Bezeichnung durch die Sioux selbst (Wissler:1921:VII).

Catlin: "... ich (wurde) aufgefordert, mich an das Ufer des Teton-Flusses zu begeben, wo ein Mann "nach der Sonne sehe". Ich fand dort einen Mann, der bis auf das Nokkä (ein Stück Zeug zur Bekleidung des Unterleibs) ganz nackt war. Auf der Brust waren zwei Stäbchen durch das Fleisch gesteckt, die mittels eines Seiles an der Spitze einer im Boden steckenden Stange befestigt waren, die, da sie fast das ganze Gewicht des Körpers zu tragen hatte , sich ganz krumm bog, während er, rückwärts gelehnt, nur eben mit den Füßen den Boden brührte. In der linken Hand hielt er seinen Lieblingsbogen und in der rechten seinen Medizinbeutel, während das Blut über seinen mit weißem und gelbem Ton bemalten Körper herabrann. In dieser Stellung mußte er unverwandt die Sonne von ihrem Aufgang bis zu ihrem Untergang ansehen, während einige Medizinmänner die Trommeln schlugen, die Rasseln schüttelten und durch lauten Gesang ihn zum Ausharren ermutigen suchten, wobei sie von den Zuschauern eifrig unterstützt wurden. Besteht er die Probe, so wird er bei Sonnenuntergang losgeschnitten und erhält (...) den ehrenvollen Titel eines Medizinmannes (...) Einige Tage vor meiner Ankunft hatte auf der Prärie (...) ein Medizinfest stattgefunden (...) Sie hatten eine große Hütte von Weidenzweigen errichtet, in deren Mitte ein Pfahl stand, an welchem mehrere junge Männer an den durch das Fleisch gesteckten Stäbchen aufgehängt worden waren." ("Die Indianer Nordamerikas", 29.Kapitel)

1849 beschrieb Mrs. Eastman die Zeremonie unter dem Namen "sun dance", und von da ab wurde "sun dance" die Bezeichnung für die korrespondierenden Zeremonialkomplexe aller Plainsstämme, obwohl es nur bei wenigen außer den Sioux Sitte war, im Verlauf des Zeremoniells in die Sonne zu schauen (Wissler 1921:VII). Nach einer Studie von Leslie Spier über seine Entwicklung und Diffusion scheint der Sonnentanz in der - zu der Zeit, als Wissler dies schrieb - presenten Form im Zentrum der Plains (Arapaho, Cheyenne) entstanden zu sein und sich von dort aus ausgebreitet zu haben (ebd.:VI). Nach Lindig gelangte er gegen Ende des 19. Jahrhunderts über die Rocky Mountains nach Westen zu den nördlichen Shoshone und den Ute-Indianern (1985:170).

Lakota-Indianer übersetzten mir die Originalbezeichnung für ihren Sonnentanz, den sie auf Englisch stets **sun dance** nennen, mit "sun watch dance"; Powers Transkription lautet "sungazing dance": "from wi ˜sun˜, wanyang ˜to gaze˜, and wacipi ˜they dance˜" (1982:95). Nach Black Elk gelangten die Lakota zu dieser der sieben heiligen Zeremonien über eine Vision eines Einzelnen viele Jahre nach Erscheinen der Büffelkalbfrau.[1] Dieser fing unmittelbar an, mit zum Himmel erhobenen Händen zu tanzen, mit nacktem Oberkörper und seine Decke um die Hüften geschlungen (Schwarzer Hirsch 1982:96). Der Lakota Charging Eagle erzählte dem Ojibway Peter Kelly, seinem Adoptivbruder, folgende Geschichte zur Entstehung des Tanzes: Ein Mann, dessen Frau gestorben war, fastete und klagte allein auf einem Bergplateau. Eines Tages landete ein Adler neben ihm, der seine tote Adlergefährtin in den Fängen trug. Der Adler hieß den Trauernden, aus dem Flügelknochen des Adlerweibchens eine Flöte zu machen und sie, wenn er Leute mit betrübten Herzen anträfe, so lange zu spielen, bis die Trommeln anfingen zu schlagen, die Sänger zu singen und die Leute "so hingebungsvoll zu tanzen wie nie zuvor" (Peter Kelly, in "Geo Special Kanada" 1988:52).

2. Die ursprüngliche Sonnentanzzeremonie der Oglala nach Walker

Walker systematisierte die Aussagen seiner Hauptinformanten Little Wound, American Horse, Bad Wound, Short Bull, No Flesh, Tyon und Sword[2] unter anderem zu einer chronologischen Ethnografie des Oglala-Sonnentanzes, wie er vor dem Kontakt mit den Weißen stattgefunden haben soll: "The Sun Dance and Other Ceremonies of the Oglala Division of the Teton-Dakota" von 1917[3]. Seine Informanten, alle

---

1) Laut Black Elk kannten die Lakota das **initipi** sowie **hanbleceya** bereits vor der Begegnung mit der **White Buffalo Maiden**; die Zeremonialpfeife wurde ihnen integriert. Die "ghost keeping"-Zeremonie lernten sie unmittelbar von dieser Frau, von den restlichen vier Zeremonien erfuhren sie aufgrund von Visionen.
2) Sword: "The most important vision is of the sun. The preparation for that is made by dancing the Sun Dance." (Walker 1980:85)
3) Walker begab sich zum ersten Mal 1896 zu den Oglala auf dem Pine-Ridge-Reservat, wo bereits christliche Missionare tätig waren. Um an die gewünschten Informationen zu kommen, wurde er ein "Buffa-

zur größten Untergruppe der Lakota, den Oglala, gehörig, hätten erklärt, an der Zeremonie partizipiert zu haben; einige seien heilige Männer ("shamans") gewesen, die sie in ihrer vollständigsten Form geleitet hätten. Die Oglala würden einen großen Unterschied zwischen der Zeremonie des Sonnentanzes und dem Sonnentanz selbst machen, da letzterer nur ein kulminierender Ritus der Zeremonie gewesen sei. Die Sonnentanzzeremonie sei zum Wohl der Tänzer wie des Volkes ("the people") vollzogen worden und hätte nicht ohne dessen Teilnahme stattfinden können. (1917:Einleitung). Ich fasse Walkers Deskription, wie folgt, zusammen:

Der heilige Sonnentanz konnte von jedem Menschen getanzt werden, sofern er oder sie einen angemessenen Zweck verfolgte, mit den Grundzügen der Zeremonie übereinstimmte, die Sitten der Oglala befolgte und die Mythologie der Lakota akzeptierte. Adäquate Zwecke, den Sonnentanz zu tanzen, waren: Die Erfüllung eines Gelübdes, das Erlangen übernatürlicher Hilfe für einen anderen oder für einen selbst, sowie das Erlangen übernatürlicher Kräfte für sich selbst. Die Sonnentanzzeremonie wurde vollzogen, wenn die Bisons fett, die jungen Salbeisprossen eine Spanne lang und die "chokecherries" dabei waren zu reifen, bzw. wenn der Mond dann aufging, wenn die Sonne unterging. Ein **wicasa wakan** mußte alle zum Sonnentanzkomplex gehörenden Zeremonien leiten und das zeremonielle Lager beaufsichtigen, ein Schamane konnte Elemente des Zeremoniells abändern oder verbieten. Der Tanz selbst wurde vom Anführer der Tänzer geleitet. (ebd.:60-61)

Es waren vier Tanzformen möglich: "1. Gaze-at-Sun. 2. Gaze-at-Sun Buffalo. 3. Gaze-at-Sun Staked. 4. Gaze-at-Sun Suspended." (ebd.: 61). Die erste Tanzform konnte, da sie keine Tortur enthielt, von Frauen und Kindern getanzt werden. Wer den Tanz komplett vollzog, zeigte sich im Besitz der vier Haupttugenden: "1. Bravery. 2. Generosity. 3. Fortitude. 4. Integrity." Wer ein heiliger Mann werden wollte, mußte auf die vierte Weise tanzen; war er erfolgreich, wählte er sich im Anschluß einen **wicasa wakan** als Tutor. Zu den

---

lo medicine man". Er publizierte seine Forschungsergebnisse, wie er versprochen hatte, erst nach dem Tod der Informanten (1980:45-50).

Sonnentanz gehörten rituelle Feste, welche die Verwandten und das **tiospaye** ("band") des angehenden Tänzers ("Candidate") vorbereiten mußten (ebd.:62).

Der Kandidat wählte einen "Mentor", der ihn auf die Zeremonie vorbereitete. Wer beabsichtigte, ein Schamane zu werden, mußte einen solchen zum Berater haben. Die Beziehung zwischen Kandidat und Mentor wurde durch das Rauchen der Zeremonialpfeife etabliert und dauerte bis zum Beginn des Tanzes in der Sonnentanzhütte ("Sun Lodge", "Dance Lodge"). Der Kandidat kündigte sein Vorhaben öffentlich an, indem er, mit der Pfeife und der Pfeifentasche seines Mentors in der Hand, diesem zu dessen Tipi folgte. Daraufhin schickte die Ratsversammlung[1] seiner "band" zwei junge Botschafter zu anderen "bands", um sie einzuladen, im zeremoniellen Lager anwesend zu sein. Je größer die Zahl der Kandidaten aus den einzelnen Tipilagern, desto größer waren die Festivitäten und der reziproke Geschenkaustausch im Verlauf der Zeremonie. Derjenige, dessen Kanditatur zuerst verlautet wurde, wurde, falls sein Mentor ein **wicasa wakan** war, zum Leiter des Tanzes; ansonsten wählten ihn die Kandidaten unter sich. (ebd.:63-66)

Mentor und Kandidat hatten sich in der Schwitzhütte zu vitalisieren, und im Anschluß begab sich letzterer auf Visionssuche. Daraufhin wurden er, sein Tipi, seine Kleidung und seine Utensilien gesegnet: Im Tipi errichtete der Mentor einen Altar, der solange bestehen blieb, bis sein Kandidat die Sonnentanzhütte betrat, und beide vollzogen erneut das harmonisierende Rauchen der Pfeife. Außerhalb des Tipis bereitete er dem Kandidaten eine Meditationsliege aus Salbei, am Fußende steckte er ein Gerüst aus Zedernholz - Zeder wurde benutzt, um **Wakinyan** abzuwehren - in den Boden, an welchem das Kriegs- und Jagdgerät des Kandidaten bis zum Ende des Tanzes angebracht war. Es mußte ein heiliger Mann sein, der die Hände des Kandidaten rot anmalte, damit sie heilige Dinge handhaben konn-

---

1) Die Ratsversammlung ("council of the camp") bestand gewöhnlich aus den Häuptlingen und den älteren Männern. Sie versammelte sich im Kreis um das Ratsfeuer, um Angelegenheiten, die die "band" betrafen, zu besprechen (Walker 1917:74).

ten[1], und seine Kleidung und Utensilien mit Salbei räucherte.
(ebd.:66-71)

Folgende Verhaltensnormen galten für die Kandidaten der letzten drei Tanzformen: Sie mußten sich ihren Beratern unterordnen, beständig über ihr Vorhaben nachsinnen, wenig mit anderen als dem Berater sprechen und nur die gesegneten Geräte benutzen; sie durften nicht zornig werden, keine unflätigen Reden hören, nicht ins Wasser gehen und keinen Geschlechtsverkehr haben. Die Insignien, die sie während des Tanzes zu tragen hatten, waren ein roter Hirschlederrock, ein "cape" aus Otterpelz, zwei Armbinden aus Bisonhaar, zwei Fußknöchelbinden aus Kaninchenpelz und eine Flöte aus einem Adlerflügelknochen;auch nahmen sie eine Pfeife mit in die Tanzhütte. Wer beabsichtigte, ein Schamane zu werden, wurde in der sozialpolitischen Struktur der "Lakotapi" (Sioux der originären sieben Ratsfeuer) unterwiesen sowie in das esoterische Wissen der Schamanen eingeführt; er erhielt noch einen mittels Riemen in Viertel geteilten Reif:"...this hoop is an emblem of the Sky, of the Four Winds, of time, of all things that grow, and of all things that the Lakota make that is circular..."(ebd.:114). (ebd.:71-92)

Die einzelnen "bands" reisten in vier Intervallen zu dem für das zeremonielle Lager ausgesuchten Platz und errichteten für die vier Tage vor dem Aufbau des zeremoniellen Camps ein vorläufiges Zeltlager. Diese vier Tage waren eine Zeit der Feste und anderer sozialer Aktivitäten. Am ersten wurde ein **wicasa wakan** dazu bestimmt, als "Superior" die Oberaufsicht über das Camp und die Zeremonien zu führen, und im Folgenden wurden die weiteren zum zeremoniellen Geschehen gehörigen Rollen verteilt (ebd.:94-100).

Die nächsten vier Tage galten als die heiligsten des Hochsommers. Beim Anbruch des ersten verkündete der **eyapaha** ("herald"), daß je-

---

1) Die Symbolfarbe für die Sonne war Rot, und deshalb war sie die heilige Farbe. "If red alone is ceremonially applied, it signifies consecration. Black is also a ceremonial color, its significance being intensity of emotion or firmness of purpose." (Walker 1917: 81-82)

der, der sich unwürdig wisse, vor dem Antlitz der Sonne zu erscheinen, den zeremoniellen Lagerkreis zu verlassen habe, denn sonst würde die Sonne ihr Gesicht hinter einem Wolkenschleier verbergen bzw. **Wakinyan** würde die Beleidigung fortwaschen. War die Sonne bedeckt, machten die **akicita** ("marshals")[1] den Störfaktor ausfindig und vertrieben ihn aus dem Lager. Eine für die Zeremonie zusammengestellte Eskorte vertrieb die böswilligen Geistwesen, und dann lokalisierte der "Superior" die Stelle ("Sacred Spot"), an der der Sonnentanzpfahl ("Sacred Pole", "Sun Pole") aufgestellt werden sollte - Mittelpunkt des zeremoniellen Lagers mit dem Eingang im Osten. (ebd.:100-101)

Für die Kandidaten wurde ein neues Tipi mit Salbeibetten ("Sacred Lodge") aufgestellt. Unterdessen schickte der "Superior" den dafür bestimmten "Scout" auf die Suche nach Wild; sollte er dabei einen Feind sichten, habe er dies zu melden. "Feind" war in diesem Kontext eine Metapher für eine gerade, oben gegabelte amerikanische Pappel ("cottonwood"), die als Tanzpfahl Verwendung fand.[2] In der "Sacred Lodge", deren Eingang im Süden war, errichtete der "Superior" einen Altar, legte daneben einen Biosonschädel und rauchte mit den Mentoren und Kandidaten die Pfeife. War das zeremonielle Camp aufgebaut, konstruierte eine Gruppe Männer die Tanzhütte: Zwei Kreise aus gegabelten Pfählen wurden, mit einem Abstand von vier Armlängen, in die Erde gerammt. Der innere Kreis, die Umrundung des Tanzplatzes, war höher als der äußere. Die beiden Pfahlkreise wurden mit Stangen verbunden, und darauf wurden belaubte Zweige als Dach gelegt; der äußere Ring wurde ebenfalls mit Querbalken verbun-

---

1) Die **akicita** eines Tipilagers, die von der Ratsversammlung nominiert wurden, stellten die Exekutive dar. Sie hatten dafür zu sorgen, daß die Gesetze, Sitten und Gebräuche sowie die Verordnungen des Rats befolgt wurden (Walker 1917:76-77).

2) Nach Black Elk gilt dieser Baum deshalb als heilig, da seine Blattform die Lakota darauf gebracht haben soll, konische Zelte anzufertigen, und weil sein Astquerschnitt einen fünfzackigen Stern aufweist (Schwarzer Hirsch 1982:105).

den, welche als Stütze für eine Wand aus Laubwerk dienten. Der "digger" grub währenddesssen das Loch für den Tanzpfahl und errichtete zwischen diesem und dem Ehrenplatz der Hütte einen Altar. Befanden sich alle Kandidaten in der "Sacred Lodge", fand die Büffelprozession statt: "This is to propitiate the Buffalo God and the Whirlwind God (...) because They are the patrons of domestic affairs and of love-making". Das Büffelfest wurde gefeiert, zu dem speziell die Alten und Bedürftigen eingeladen waren. In der Abenddämmerung konnten die jungen Männer ihre Liebesflöten[1] spielen und sich mit den jungen Frauen treffen. (ebd.:102-105)

Am zweiten Tag, nach der "pocession of the Bear God", begaben sich die Eskorte und andere Leute auf die Suche nach dem "Feind" - der vom Scout markierten Pappel - , dessen Entdeckung sie nach dem vierten Anlauf meldeten. Eine vom "Superior" angeführte Prozession ging nun in vier Intervallen zu dem heiligen Baum ("Sacred Tree"). Vier geachtete Männer hieben den Baum, jeder viermal, mit einem Hackmesser, beginnend an der Westseite: "The nagila of the tree is thus subdued and made subservient to the people." (ebd.:106) Gefällt wurde der Baum von vier ausgesuchten Frauen. Der "Gefangene" wurde entastet und bis auf die Gabelung entrindet und dann mit Hilfe von Tragestöcken in vier Etappen zur Tanzhütte gebracht; bei der dritten Unterbrechung fand ein Wettlauf junger Männer zum "Sacred Spot" statt. In der Hütte wurde der Baum bemalt, und einer der Berater schnitt aus Bisonrohhaut die Figuren eines Bisonbullen und eines Mannes, beide mit überdimensionalen Genitalien. Diese schwarz bemalten Objekte waren die Symbole für "Gnaski" ("Crazy Buffalo"), Patron der Unzucht, respektive für "Iya", Patron der Zügellosigkeit.

---

1) Diese Liebesflöten (**love flutes**) bestehen aus zwei zusammengeklebten Hölzern, das vordere Ende ist meist in Form eines Entenkopfes geschnitzt. Einige Lakota beherrschen noch die Kunst, diese Flöten herzustellen. Ein befreundeter Lakota verdiente sich zum Teil seinen Lebensunterhalt, indem er solche Flöten herstellte und sie einer "Trading Post" verkaufte. In der Crazy Horse School lernen die Schüler im Werkunterricht, Liebesflöten aus einem Stück mit Hilfe von modernem Werkzeug zu fabrizieren. Der Lakota Stands First ist ein berühmter Flötenspieler.

Den Abschluß des Tages bildeten Feste und Tänze der einzelnen "societies". (ebd.:105-108)

Am dritten Tag, an dem die Kandidaten lediglich trinken durften, formierten die Erwachsenen die "procession of sex". Der "Superior" band ein Bündel aus "four times four wands of chokecherry wood (...), a wisp of sage, one of sweetgrass, and a tuft of shed buffalo hair" (ebd.:109) - Symbol des "Buffalo God" - an eine Gabel des Tanzpfahls, an die andere das rote "banner of the shamans"; ein **heyoka** befestigte an die Gabelung die oben genannten Abbilder. Mit Hilfe von Riemen wurde der Pfahl in vier Abschnitten aufgerichtet; während der zweiten Interruption konnte jeder "offerings to the Earth" in das Loch geben. Stand der Pfahl senkrecht, folgte eine Phase erotischer Scherzbeziehungen, bis die Eskorte und die Krieger die Rohhautbildnisse gewaltsam herunterholten. Der "Superior" stellte den Anstand wieder her, indem er sie verbrannte, einen getrockneten Bisonpenis an den Pfahl lehnte und eine Pfeife daneben plazierte. Auf die anschließenden Vorbereitungen für die Zeremonien des nächsten Tages folgte das "feast of the shamans".(ebd.:108-111)

Der vierte Tag, die Mitte des Jahres, wurde als der heiligste betrachtet. Wie an den vorangegangenen begrüßten die heiligen Männer, der "Superior" und die Berater die aufgehende Sonne auf einem nahen Hügel. Die Kandidaten durften weder essen noch trinken, bis der Sonnentanz vorbei war. In einer Prozession gingen der "Superior" und die Mentoren zum Tipi der Kandidaten, das sie vor dem Betreten viermal umkreisten. Die Berater bemalten ihre Kandidaten entsprechend ihrer Tanzform und legten ihnen die Insignien an; auch erhielt jeder einen Salbeikranz auf den Kopf und einen Salbeizweig in die rechte Hand. Die Prozession zur Tanzhütte führte wiederum der oberste **wicasa wakan**, ihm folgte der Anführer der Tänzer, welcher den Bisonschädel trug, dann kamen die übrigen Kandidaten und Berater. Nachdem sie die Hütte viermal umrundet hatten, wobei sie jeweils am Eingang anhielten, um sich der Sonne zuzuwenden, betraten sie den Platz dem Lauf der Sonne entsprechend (Uhrzeigersinn), und der Anführer der Tänzer legte den Bisonschädel nach vier vorgeblichen Anläufen auf den Altar. Nach dem zeremoniellen Rauchen empfingen die Kandidaten die Adlerknochenflöten, auf denen sie, wenn sie, die Sonne anblickend, tanzten, beständig zu blasen hatten. (ebd.:111-114)

An dem anschließenden Büffeltanz nahmen die Kandidaten der letzten drei Tanzformen teil, sowie jene, die ihn bereits getanzt hatten. Dabei mußten die Tänzer ihren Blick auf den Bisonschädel richten. Danach erhielten sie, nunmehr "buffalo men", einen an einem Griff befestigten Bisonschwanz, mit dem sie zu Gesängen auf eine Bisonrohhaut trommelten. Unterdessen wurden Babies die Ohrläppchen zeremoniell durchstochen; die durchstochenen Ohren symbolisierten die erwartete Loyalität der Kinder bezüglich der Gesetze und Sitten der Oglala. Direkt im Anschluß folgte der eigentliche Sonnentanz ("Sun-Gaze Dance", "Sun-Gazing Dance"), zu dem vierundzwanzig Lieder, begleitet vom Rhythmus einer Trommel und Rasseln, so oft als nötig repetiert wurden. Dazu aufgerufen Fänger rangen die "buffalo men" zu Boden und durchstachen ihnen die angehobene Haut und das Fleisch an den, der jeweiligen Tanzform entsprechenden Stellen: Für die zweite Tanzform wurde die Haut auf beiden Seiten des Rückgrads durchstochen, für die vierte Form wurden die Wunden auf beiden Brustseiten zugefügt, und für die dritte wurden die Öffnungen sowohl an der Brust wie auch an den Schulterblättern angebracht. Durch diese Löcher wurden gespitzte Pflöcke gesteckt und daran Riemen festgebunden.Für den "Gaze-at Sun Buffalo"-Tanz wurden Bisonschädel an den Riemen befestigt; "Staked" bedeutete, daß die Riemen so an ein Viereck aus Pfählen gebunden waren, daß der Tänzer in der Mitte in der Luft schwebte; für den "Gaze-at-Sun Suspended" wurden die Riemen mit dem Sonnentanzpfahl bzw. der Gabelung verbunden. Der Tanz vollzog sich in mindestens vier Perioden, bestehend aus jeweils einer Tanzphase und einer Pause, in welcher sich die Tänzer ausruhten; die "Gaze-at-Sun"-Tänzer tanzten ebenfalls auf der offenen Tanzfläche. Während der vierten Periode begannen die festgebundenen Tänzer sich durch energische Bewegungen bzw. ihr Gewicht zu befreien; brachten sie ihre Haut nicht allein zum Reißen, durften ihnen Verwandte oder Freunde helfen, was aber als weniger effektiver Ausgang gewertet wurde.

Der "Superior" konnte Ansprachen sowie mit dem Sonnentanz vereinbare Handlungen, etwas den "woman`s dance", während der Tanzpausen gestatten;in der vierten Pause tanzten erprobte Krieger den "Scalp-Staff dance". Hatten sich die Männer befreit oder waren sie befreit worden, so verkündete ihr Anführer das Ende des Tanzes, und der zeremonielle Lagerkreis, mit Ausnahme der heiligen Tanzhütte und des heiligen Pfahls, die Wind und Wetter überlassen wurden, wurde aufgelöst. (ebd.:114-121)

3. Die Repression der Zeremonie durch die dominante Gesellschaft

3.1. John G. Bourke über einen Sonnentanz von 1881

John G. Bourke, Hauptmann der Armee der U.S.A., berichtete Dorsey über einen Sonnentanz, den er im Juni 1881 bei der Red-Cloud-Agentur (am North Platte, nahe Fort Laramie) beobachtet hatte. Nach seinen Angaben ritten die jungen Krieger, so als handelte es sich um eine militärische Attacke, in vollem Gallop zu dem als Sonnentanzpfahl designierten Baum, wo daraufhin Geschenke an arme Leute vergeben wurden. Vier junge Männer hieben mit einer neuen Axt jeder einmal in den Stamm, an den den vier Himmelsrichtungen korrespondierenden Seiten. Dann fällte eine Jungfrau, deren Charakter als untadelig galt - bekleidet war sie mit einer langen Robe aus weißer Antilopenhaut, vollständig besetzt mit Wapitizähnen und Perlen - den heiligen Baum.[1] Während er auf "skids" zum Camp gebracht wurde, durfte er von niemandem angefaßt werden. Unter den achtundzwanzig Tänzern befand sich auch eine junge Frau, die sich ihre Arme von den Schultern bis zu den Ellenbogen aufritzen ließ.[2] Die übrigen Tänzer trugen einen Stoffrock, sowie eine Bisonrobe, die Fellseite

---

1) Bei dieser Jungfrau handelte es sich wahrscheinlich um die zeremonielle Repräsentantin der **White Buffalo Calf Maiden**. Diese Rolle wird in der oben paraphrasierten Darstellung Walkers nicht erwähnt, jedoch in der Beschreibung der ursprünglichen Zeremonie von Black Elk gegenüber Brown (Schwarzer Hirsch 1982:96-143).

2) Es handelte sich mit Sicherheit um das sogenannte **flesh-offering:** Dabei werden kleine Haut/Fleischstückchen herausgeschnitten.

nach außen gewendet, welche sie ablegten,wenn sie von Helfern auf ein Lager aus "some sagebrush" gelegt wurden. Ein Medizinmann brachte die Schnitte durch die angehobene Brusthaut an und schob Spieße ("skewers"), die mittels Riemen oder Haarseilen am Pfahl befestigt waren, unter sie hindurch. Während die Männer tanzten, bliesen sie beständig auf ihren Adlerknochenflöten: "This dancing was done in a manner of a buck jump, the body and legs being stiff and all movement being upon the tips of the toes. The dancers (...) either dropped the hands to the sides (...) with the palms to the front, or else held them upward and outward at an angle of 45 degrees, with the fingers spread apart, and inclined towards the sun." Im Verlauf des Tanzes wurden viele wertvolle Gegenstände verschenkt[1]; als einer der Tänzer sich nicht selbständig losreißen konnte, belasteten Frauen das Seil mit kostbaren Gütern, die damit in den Besitz von Bedürftigen gelangten. Bourke bemerkte auch eine Anzahl reich dekorierter Zeremonialpfeifen, die an ein Gestell gelehnt waren. (Dorsey 1894:465-467)

3.2. Das Verbot des Sonnentanzes

Doch die amerikanische Regierung hatte die Assimilation der eingeborenen Ethnien, wie schon weiter oben erwähnt, längst geplant. 1880 hieß es von Seiten des "Commissioner of Indian Affairs" Hiram Price: "To domesticate and civilize wild Indians is a noble work. But to allow them to drag alone, year after year, in their old superstition, laziness, and filth instead of elevating them in the scale of humanity would be a lasting disgrace." (Erdoes 1972:174) 1881 begannen die Agenten der ˋGroßen Sioux Reservation´, Verordnungen zu erlassen, die **wi wanyang wacipi** - ohne Zeifel die kom-

---

1) Hier ist das **give-away**, **otuh`anpi** auf Lakota, gemeint. "Giveaway" bedeutet das zeremonielle Verschenken von Gütern, Pferden etc., später dann auch Geld; es entspricht der Lakota-Haupttugend "Freigebigkeit". Heutzutage finden **give-aways**, oft zu Ehren eines (verstorbenen) Verwandten, vor allem während **Powwows** und Sonnentänzen statt.

plexeste zeremonielle Manifestation der Lakota-Weltsicht - untersagten. Im Sommer 1882 war McLaughlin von der Standing-Rock-Agentur überzeugt, die Zeremonie erfolgreich verboten zu haben, Swan von Cheyenne River unterband den Tanz 1883, und Mc Gillycuddy gestattete im selben Jahr den "Pine Ridge Sioux",ihn ein letztes Mal durchzuführen (Mails 1978:3). Am 10. April 1883 erließ die Regierung Verfügungen gegen die ~demoralisierenden und barbarischen Bräuche~ der Indianer; (**give-away-**)Feste, Tänze,insbesondere der Sonnentanz, traditionelle Bestattungsformen oder die Schwitzhütte[1] galten als kriminelle "indian offenses", Missionare diverser Konfessionen errichteten Kirchen und Schulen auf den Reservaten. 1904 verhängte das Innenministerium ein Gesetzesverbot über die Sonnentanzzeremonie (ebd.; Erdoes 1972:175).

Thomas Mails fragte Frank Fools Crow, der ab 1929 den Sonnentanz auf dem Pine-Ridge-Reservat leitete, ob die Zeremonie durch das offizielle Verbot tatsächlich zum Erliegen kam,und erhielt zur Antwort, daß die Lakota von Pine Ridge den Tanz weiterhin fast jedes Jahr durchführten, und zwar entweder als semipublike Veranstaltung ohne das Durchstechen (**piercing**),wovon die Agenturbeamten gelegentlich wußten, oder aber als heimlich in einer abgelegenen Gegend vollzogener Tanz einschließlich des **piercing**. Bei letzterem gab es keine Schattenlaube, und der heilige Baum wurde kurzgehalten, um kein Aufsehen zu erregen (1978:7). Fools Crow: "... the Sun dances with piercing were done in secret and with ominous threat of arrest hanging over us. We were even afraid of the Indian police, so we started dancing each day when the sun came up and would quit and scatter when the sun went down.We did this every day for four days, going home at night and coming back the next morning. The piercing always took place on the fourth day, about 10:00 A.M." (ebd.:197)

Mails, bezogen auf den Welt- oder Lebenserneuerungsaspekt der im Jahreszyklus stattfindenden Zeremonie: "People do not give up, under any circumstances, that what their life depends upon (...)

---

1) Lakota erzählten mir, die Missionare hätten ihre Vorstellung von der Hölle auf die dunkle heiße Schwitzhütte mit den glühenden Steinen darin projiziert.

The Sioux gave up neither the Sun Dance nor its torture aspect."
(ebd.:6) Er verweist auch auf John A. Anderson, der 1910 während
eines Sonnentanzes auf dem Rosebud-Reservat fotografierte; die damaligen Tänzer hatten die vom Tanzpfahl herabhängenden Seile, die
sie nicht in ihren Leibern verankern durften, um die Oberkörper geschlungen (ebd.). Während des Symposions "American Indian Religion
in the Dakotas: Historical and Contemporary Perspectives" sagte
Arthur Amiotte, die Lakota wüßten aufgrund mündlicher Überlieferung,
daß ihre Vorfahren auf vielen Sioux-Reservaten, in den Badlands und
an in den Hügeln versteckten Plätzen den Sonnentanz so originalgetreu wie möglich kontinuierten (1987:75).

3.3. Die Aufhebung des Sonnentanzverbots

1928 wurde auf dem Rosebud- und 1929 auf dem Pine-Ridge-Reservat
die öffentliche Durchführung der Zeremonie ohne **piercing** gestattet
(Mails 1978:6),1934 wurde der "Indian Reorganisation Act" erlassen.
In den vierziger Jahren fanden **Powwows** und "fairs" größeres Interesse, so daß einige aus dem II. Weltkrieg zurückgekehrte Sioux zu
den Cheyenne gehen mußten, um an einem Sonnentanz teilnehmen zu
können. Ende der Fünfziger lebte die Zeremonie wieder auf, Traditionalisten begannen, das **piercing** in den öffentlich stattfindenden
Tanz wieder einzuführen (ebd.:10). Die Administration der "Veranstaltung" auf dem Pine-Ridge-Reservat wurde ab 1934 vom dortigen
Stammesrat übernommen, der dafür ein Sonnentanzkommitee einrichtete. Der Stammesrat transformierte die heilige Zeremonie, unterstützt vom Büro für indianische Angelegenheiten, in eine kommerzielle Touristenattraktion, die Funktion der **akicita** übernahm die
Stammespolizei:"... it was performed only on the first two mornings of the four-day celebration, the remaining two days and
nights being devoted to secular dances.The sacred tree was usually
selected on the day before the dance and hauled into the grounds on
a truck. The dancers´costumes were made from commercial cloth,
cardboard, and women´s shawls, and the men sometimes blew on five-
and-dime toy whistles."(Feraca 1963:17, nach Powers 1982:140). 1960
erlaubte der Stammesrat einem Tänzer, sein Gelübde, das **piercing** zu
vollziehen, falls seine erkrankte Nichte gesundete, zu erfüllen;

daraufhin vermarktete das Kommitee das **piercing** als besonders publikumsanziehend (Powers 1982:141-142). Laut Eagle Feather, einem Medizinmann vom Rosebud-Reservat, erhielten er und Fools Crow 1958 vom Büro für indianische Angelegenheiten bzw. vom Pine Ridge Tribal Council die Erlaubnis, erstmalig das **piercing** wieder auszuführen (Mails 1978:46-47).

4. Der revitalisierte Sonnentanz

4.1. Die Rückbesinnung auf den sakralen Charakter

Um 1963, so Beatrice Medicine, begann der Sioux-Sonnentanz als "revitalisation movement" zu fungieren. Er entsprach den Forderungen des **American Indian Movement**, und eine Zeitlang fühlten sich viele **AIM**-Mitglieder erst als Indianer, wenn sie an einem Sonnentanz teilgenommen hatten, egal zu welchem Stamm sie gehörten. Die Rückbesinnung auf die Zeremonie zog Indianer aus anderen Gegenden an: "... in 1976, many of the Micmac Indians felt that they were not Indians unless they traveled to South Dakota to participate in a Lakota Sun Dance.","Today (1982, Anm.d.Verf.) the Sun Dance has assumed an almost intertribal character as a nativistic movement. We see more and more native participants returning from urban areas, ore coming from non-Lakota reservations, to take part in the ritual." (Medicine 1987:163-164) Nach Amiotte vollzog sich die Erneuerung der Zeremonie in den sechziger und siebziger Jahren, nach und nach löste sie sich aus ihrer Übergangsphase, in der sie zu einer Vermischung von **Powwow**, Sonnentanz und Jahrmarkt geraten war: "We have seen a renaissance take place recently in which the Sun Dance was returned somewhat to its former, intensely sacred character, with many of the same restrictions and dimensions that it had in its historical setting." (1987:75-75)

Traditionalisten sagten mir ebenfalls, daß der **sundance**, wie die Zeremonie gewöhnlich genannt wird, von ihnen in den sechziger Jahren ˋzurückgebracht˜ wurde; gemeint war natürlich der Sonnentanz in der Form, die als in der Tradition des historischen stehend aufgefaßt wird. 1987 habe ich viele Lakota-Sonnentanzplätze aufgesucht: auf dem Pine-Ridge-, Cheyenne-River und Rosebud-Reservat, in den Black Hills und am Big Mountain in Arizona. Auf einigen Plätzen (**sundance grounds**) habe ich bei den praktischen Vorarbeiten mitgeholfen, hauptsächlich beim Aufbau bzw. Wiederaufbau der runden Schattenlaube, und an einigen Tänzen konnte ich, wenn auch nicht immer vom Anfang bis Ende, teilnehmen - "teinehmen" nicht in dem Sinne, daß ich zu den **sundancers** gehört hätte, sondern in dem, wie die Lakota Teilnahme (nach meiner Rezeption) auffassen.

In vielen Berichten über die Sonnentanzzeremonie unterscheiden die Verfasser zwischen Zuschauern und Tänzern. Beim revitalisierten Sonnentanz jedoch sind Schaulustige und bloße Beobachter, wie es sie zur Zeit der vermarkteten **Powwow**-Sonnentänze gegeben hat, nicht mehr willkommen. "You are supposed to pray", wurde mir erklärt, als ich einmal fragte, ob ich während der Zeremonie anwesend sein dürfte. "To be (not) supposed to" ist eine typische Redewendung der Lakota, speziell wenn es um zeremonielle Vorschriften geht; so wird eine tradierte Verhaltensnorm zur Sprache gebracht, welche keiner weiteren Begründung bedarf. Zum normalen Verhalten gehört es, daß man sich gegenseitig praktisch wie spirituell hilft. Die typische Frage "Can you help me/us out?" impliziert die Aufforderung, der von der Gemeinschaft erwarteten Kooperation nachzukommen; die Lakota-Kultur wird als "sharing culture" der "competitive society" außerhalb der Reservate gegenübergestellt. Von den auf einem Sonnentanzplatz zusammengekommenen Menschen wird erwartet, daß sie die Tänzer durch ihre Gebete unterstützen, einige tanzen unterhalb des Laubdaches zeitweise mit. Im Idealfall bildet der gesamte Lagerkreis eine homogene Gruppe.

Die Meinungen darüber, ob die Restauration des Zeremoniells geglückt ist oder nicht, gehen auseinander. "It`s a show", meinte einmal ein Lakota spöttisch zu mir, ein anderer reagierte darauf vehement :" No, it is not. It`s a sacred ceremony!" Beatrice Medicine untersuchte vor 1982 die Motive einzelner Tänzer und war überrascht zu erfahren, daß viele an der Zeremonie teilnahmen, um sich Anerkennung zu verschaffen oder sich von ihrer Alkoholsucht zu befreien (1987:166-167).

Die einzelnen sukzessiv wiedererstandenen Sonnentänze finden gewöhnlich im Juli und August statt. Sie dauern vier Tage - die Vorbereitungszeit nicht mitgerechnet - und enden an einem Sonntag. Sie weichen deutlicher voneinander ab, als die Vollzüge der vorab besprochenen weniger komplexen Zeremonien. Stärker als diese ist der Sonnentanz, abgesehen von der temporären Phase, beeinflußt von der ihn leitenden Person und der partizipierenden Gruppe. Es ist anzunehmen, daß es in der Präreservations-Ära ebenfalls keine uniformen Tänze gab. Walker macht gleich im Titel seiner Arbeit von 1917 deutlich, daß er den Sonnentanz der Oglala beschreibt. Amiotte bemerkt bei seiner vergleichenden Darstellung des historischen und kontemporären Sonnentanzes stellenweise, daß das von ihm Beschriebene auf Traditionen der Hunkpapa und Sihasapa fußt (1987:75-89), und Medicine schreibt: "Certainly, among the Lakota people there has always been variation in the practice of the Sun Dance, and this is still very apparent today." (1987:164) Es kommt vor, daß verschiedene Sonnentänze in unmittelbarer Nähe an denselben Tagen stattfinden und somit auch miteinander konkurrieren.

4.2. Die Errichtung des Sonnentanzlagers

Die Koordination eines Sonnentanzes kann nach Amiotte schon mitten im vorangehenden Winter beginnen. Dazu gehört insbesondere die Wahl des **itancan wakan**, d.i. der **headman** des zeremoniellen Lagers (der "Superior" bei Walker; Anm. d. Verf.), und seiner Assistenten (1987:76). Für den Sonnentanz im **Yellow Thunder Camp** 1987 wurde ein **wicasa wakan**, der die Zeremonie leiten konnte, jedoch erst kurzfristig ausgemacht. Die praktischen Vorbereitungen für die Zeremonie werden einige Tage vor ihrem festgelegten Beginn von allen Personen, die nach und nach auf dem Sonnentanzplatz eintreffen, erledigt. Die meiste Arbeit erfordert der Aufbau der kreisförmigen Laube, die den heiligen Kreis, in dem sich die zeremoniellen Handlungen abspielen werden, umschließt. Die Lakota nennen sie **arbor** oder **shade** (arbor) und nicht "lodge", eben weil es sich bei ihnen nicht um eine Hütte handelt. Die typische Laube besteht heute aus zwei Reihen oben gegabelter Pfosten gleicher Höhe, die mit dicken Ästen verbunden sind. Auf diese wird Laubwerk gelegt, so daß ein schattenspendendes Dach entsteht, unter dem dann die Nicht-Tänzer Platz nehmen. Eine durchgehende äußere Wand existiert nicht. Nur an der Westseite wird die Laube ausschließlich für die Tänzer zu einer Art Hütte erweitert; auch kann der Platz für die Gruppe der Sänger der Sonnentanzlieder, meist im Süden, unter dem Laubdach mit Laubwerk abgegrenzt sein. Im Osten wird ein großer Eingang offengelassen. Im **Yellow Thunder Camp** wurde lediglich ein Kreis aus oben mit Querlatten verbundenen Pfosten errichtet. Die Forstverwaltung hatte Kiefernbäumchen markiert, welche die Indianer für ihre Zeremonie fällen durften. Sie wurden reihum an das Lattengerüst gelehnt, ein Laubdach gab es nur für die um ihre Trommel sitzenden Sänger.

Die nicht überdachte Tanzfläche, der **sacred/mystery circle** oder **hoop**, hat in den vier Kardinalrichtungen Eingänge, die ihre Peripherie begrenzen. Ein Eingang besteht aus einem Paar in den Boden gesteckten Flaggen in der Farbe, die der jeweiligen Himmelsrichtung zugeordnet wird, also Schwarz im Westen, Rot im Norden, Gelb im Osten und Weiß im Süden.[1] Manchmal wird der heilige Kreis zusätzlich mit entrindeten, rotbemalten Ästen, den **prayer sticks**, abgesteckt. Die weiteren konstitutiven Elemente einer Sonnentanzanlage sind die Schwitzhütte und das Vorbereitungstipi für die, die das Gelübde (**vow**) abgelegt haben, den Tanz zu tanzen. Sie werden westlich der Laube aufgebaut, ihre Anzahl richtet sich nach der der Tänzer. Außerdem wird eine große Feuergrube gegraben, falls für alle Anwesenden gekocht wird, Feuerholz muß beschafft werden, Tische und Bänke werden aufgestellt und manchmal auch zusammengezimmerte Toilettenhäuschen. Die Sänger üben die Sonnentanzlieder (**sundance songs**) ein, die Tänzer stellen ihre Utensilien fertig, etwa die Salbeikränze, die sie tragen werden oder die Holzpflöcke, die ihnen ein Medizinmann unter die Haut stecken wird...

Die Nachricht von einem bevorstehenden Sonnentanz wird primär von Mund zu Mund weitergegeben. Es kann auch sein, daß der Lakota-Radiosender **KILI** - die Station existiert seit 1983 am Porcupine Butte

---

1) Diese Richtungsfarben werden mittlerweile auch als repräsentativ für die vier Menschenrassen angesehen.

"in the heart of the Pine Ridge Reservation", wie man alle paar Minuten zu hören bekommt - einen Sonnentanz ankündigt.[1] Schriftliche Ankündigungen habe ich, abgesehen von etwaigen Hinweisschildern an der Abfahrt zum Sonnentanzplatz, nicht bemerkt. Die Teilnehmer kommen nach und nach angefahren, und allmählich entsteht ein Lager aus Autos und und Campingzelten, Tipis sieht man nur vereinzelt.

Die Funktion der **akicita** übernimmt eine Gruppe dazu bestimmter Männer, die **security (guards)**. Direkt am Eingang zum Sonnentanzplatz befindet sich meist ein Kontrollposten, man wird darauf hingewiesen, daß Waffen, Drogen, Kameras und Tonbandgeräte im Sonnentanzlager verboten sind. Wer dergleichen mit sich führt, muß es entweder abgeben oder außerhalb des Platzes deponieren. Im Lager hat der moderne **akicita** für die Einhaltung des Reglements zu sorgen; Personen, deren Anwesenheit als unvereinbar mit der Zeremonie betrachtet wird, verweist er aus dem Camp.

4.3. Das Verbot von Bild- und Tonträgern

Die Lakota verwenden Kameras und Kassettenrecorder, wenn auch längst nicht in dem Ausmaß wie weiße Amerikaner. Besonders bei **Powwows** werden die Gesänge gern mit einem tragbaren Gerät life aufgenommen, und auch beim Einstudieren von heiligen Liedern scheuen es Traditionalisten nicht, ein Aufnahmegerät zu benutzen. Das Aufzeichnen zeremonieller Handlungen und heiliger Artifakte jedoch wird in der Regel nicht mehr gestattet, auf einem Sonnentanzplatz ist es stringent untersagt, Aufnahmegeräte bei sich zu haben. Mir wurde jedoch erzählt, daß selbst Indianer gegen diese Regel verstoßen, indem sie beim Hinausfahren aus dem Lager schnell ein Foto von den Tänzern schießen.

---

1) "KILI-Radio" und die 1981 ebenfalls auf dem Pine-Ridge-Reservat gegründete Wochenzeitung **"THE LAKOTA TIMES"** bilden die größten Medien der Lakota.

Die totale Ablehnung von Bild- und Tonträgern richtet sich zum einen gegen die erfolgte Kommerzialisierung und Herabwürdigung der heiligen Zeremonie zu einer (touristischen) Folkloreveranstaltung. In den Sechzigern mußten sich die Besucher eine Fotoerlaubnis käuflich erwerben, ihr Preis stieg am Tag des **piercing** (Powers 1982: 142). Stimmen der Lakota: "They made too many pictures", "They made movies of it at Hollywood". Aber der Widerwille liegt auch begründet in der traditionellen Auffassung von realistischen Wiedergabeverfahren. Der Maler George Catlin erzeugte mit seinen realistischen Porträts nicht nur bei den Sioux Aufsehen sowie Furcht vor negativen Konsequenzen für die porträtierte Person. Nach Catlins Schilderung bestand für die Sioux zwischen einer Person und dem von ihm gefertigten naturgetreuen Abbild eine vitale Beziehung: Jahre nachdem der von den Indianern "Medizinmann" oder "Medizinmaler" genannte Autodidakt die Sioux verlassen hatte, starb eine von ihm gemalte Häuptlingstochter. Daraufhin bat ihr Vater einen Händler, der eine Kopie des Gemäldes besaß, darum: "Mein Herz ist wieder froh (...) wenn ich sie hier lebend sehe; ich bedarf jetzt ihres Bildes, welches der Medizinmann gemacht hat, damit ich sie sehen und mit ihr sprechen kann..." ("Die Indianer Nordamerikas", 27. Kapitel)

Der Photograph Edward Sheriff Curtis gelangte nicht zuletzt mittels Überredungskunst und Bestechung zu manchen seiner Aufnahmen. Auf dem Pine-Ridge-Reservat erreichte er 1907 sein Ziel, Elemente der ursprünglichen Lakota-Kultur abzulichten bzw. mit seinem, von den Indianer "Zauberbüchse" genannten Edison-Recorder aufzuzeichnen, indem er ein großes Fest gab, für das zahlreiche Ochsen geschlachtet wurden (1979:39-40).[1] Fotografen wie Curtis nannten die Indianer "Schattenfänger" (ebd.:18); Crazy Horse wird nachgesagt, er habe sich niemals fotografieren lassen, da er seinen Schatten ("shadow")nicht verlieren wollte (Kadlecek 1983:71). Eines Menschen "spirit" (**nagi**) wurde von den Lakota Schatten genannt (Walker 1980:

---

1) Mails gelangte 1975 auf demselben Weg zu demselben Ziel. Er erhielt die Erlaubnis, während eines Sonnentanzes auf dem Rosebud-Reservat zu skizzieren, zu fotografieren und zu filmen. Dafür spendete er drei Stück Vieh sowie Gelder (1978:22-23).

119, 122); in der Religionsethnologie spricht man bezüglich dieser Vorstellung von Schatten- oder Bildseele. Der bereits zitierte Nachfahre von Two Moons erklärte mir, jedes Foto verkürze die Lebenszeit des Abgebildeten. Als mir dazu einfiel, daß der Oglala Chief Red Cloud, obschon oft fotografiert, sehr alt geworden ist, antwortete er: "Yes, but if not he`d become even older."

Einmal hatte ich meine Kamera nicht außerhalb des Sonnentanzlagers deponiert, da ich mich in dem falschen Glauben befand, niemand würde meinen Respekt für die Lakota-Zeremonien anzweifeln. Ich wurde anonym denunziert, heimlich fotografiert zu haben und für etwas, daß ich nie getan hatte, um Mitternacht aus dem Lager gewiesen. Zum ersten Mal während meiner Reise, dafür aber buchstäblich, stand ich unter (Kultur-) Schock. Mir klangen die Worte einer Lakota-Indianerin in den Ohren: "It is an illness on these reservations that these people blame on others."

4.4. Sonne und Regen

In diesem Zusammenhang ein paar Worte dazu, wie Regen während eines Sonnentanzes interpretiert wird. Bei Walker haben wir gesehen, daß eine bedeckte Sonne oder gar Regen so aufgefaßt wurden, daß sich im Lager Elemente befanden, die mit der Zeremonie unvereinbar waren. Diese Ansicht wird auch heute vertreten. Scheint die Sonne, so heißt das, die Zeremonie wird richtig ausgeführt. Fools Crow über Regen während eines Sonnentanzes: "It rained (...) because someone present was impure. Either we or some in the audience were not cleansed properly, so the Thunder spirits brought rain down to help cleanse us." (Mails 1978:208) Während eines Tanzes auf dem Pine-Ridge-Reservat regnete es plötzlich taubeneigroße Hagelkörner vom Himmel. Im nächsten Ort spöttelte man bereits über den "rain dance". Diese Leute machen die Sache nicht richtig, hieß es. Wohl aufgrund dieses merkwürdigen Vorfalls wurde ich verdächtigt, Tonbandaufnahmen gemacht zu haben. Die meisten Lakota suchen die Schuld für etwas "Negatives" eher bei anderen, als, innerhalb ihres Kausalnexus, bei sich selbst - ein sehr menschliches Verhalten und nach ihren schlechten Erfahrungen durchaus verständlich. Aber auch

Lakota-Indianern kann es passieren, daß ihre Anwesenheit als störend empfunden wird. "I was kicked out, too", sagte mir ein Polizist, "but now I belong to the dancers." Während eines anderen Tanzes schien die gesamte Zeit die Sonne, und es war so heiß, daß die Leute, die Tänzer natürlich ausgenommen, sich permanent unter einer Pumpe abkühlen mußten. Eines Abends, unmittelbar nach Abschluß der Tanzhandlungen an diesem Tag, regnete es. Zum Dank tanzten die Tänzer erneut im Regen. Über Fools Crow wurde mir erzählt, daß er als **headman** eines Sonnentanzes Regenwolken vertreiben konnte, indem er seine Arme ausbreitete.

4.5. Der heilige Baum

Der "cottonwood"-Baum, der Mittelpunkt des Sonnentanzes, wird einen Tag vor dem Beginn des Tanzes ins Lager gebracht. Das Fällen des **sacred tree** habe ich nur einmal miterlebt: Fast alle im Lager Versammelten fuhren zu einem kleinen Baumbestand, wo sich der vorher ausgesuchte, gerade gewachsene und oben gegabelte Baum befand. Der den Tanz leitende Medizinmann betete mit der Pfeife zu dem Baum, die Umstehenden wurden mit dem Rauch von verbranntem Salbei gereinigt. Vier Mädchen "schlugen" mit einer langstieligen Axt, die sie noch kaum handhaben konnten, nacheinander auf den Baum; dann fällten ihn der Reihe nach vier junge Männer, wobei jeder die Axt für den nächsten im Baum stecken ließ. Der heilige Baum wurde aufgefangen, damit er den Boden nicht berührte und, bis auf die Gabelung, entastet. Mit dem unteren Ende voran wurde er auf einen Pritschenwagen geladen und, gefolgt von der Wagenkolonne, zum Tanzplatz gefahren. Als jemand sein Auto vor den "Pick-up" mit dem Baum manövrierte, gab es mißfällige Bemerkungen, denn: "Nobody is supposed to go in front of the **sacred tree**." Anderswo ging man traditioneller vor: Der Baum wurde auf Balken gelegt und so von einigen Männern, rechts und links von ihm, zu Fuß ins Lager getragen. Dabei überquerten sie (wie man es auch in historischen Berichten nachlesen kann) einen Flußlauf und hielten viermal an.

Durch den Haupteingang der Laube im Osten gelangt der Baum zur Mitte des heiligen Kreises, wo ein Loch für ihn gegraben worden ist. Hier bekommt er sein endgültiges Aussehen:An den oberen Zeigen werden vier oder mehr Stoffbanner in den die vier Kardinalrichttungen vertretenden Farben befestigt, sowie die aus Bisonrohhaut geschnittenen Figuren von Mann und Büffel, jedoch ohne Phallussymbolik. Dort, wo sich der Baum gabelt, wird ein Bündel Kirschzweige "crosswise" angebracht und darunter die farbigen Seile, die für das **piercing** gebraucht werden und mit denen der Baum aufgerichtet wird. Unten wird der Stamm rundum mit **cloth offerings** drappiert bzw. mit Schnüren von **tabacco ties/bundles**[1] umwickelt. Ein Medizinmann gibt Fett, Trockenfleisch, Salbei und **wasna** (Pemmikan) in das Erdloch und betet, davor stehend (Westen), mit der Zeremonialpfeife auf Lakota, bevor der Baum aufgerichtet und die Erde festgestampft wird. Auch habe ich es erlebt, daß eine junge Frau, die die Büffelkalbjungfrau repräsentierte, mit nach Westen gerichteter Pfeife vor dem Mittelpunkt stand, während der Baum in die Vertikale gebracht wurde.

4.6. Der viertägige Sonnentanz

Am nächsten Tag beginnt der viertägige Sonnentanz, der am späten Nachmittag des letzten Tages abschließt. Die männlichen Tänzer tragen eine einfarbige, meist rote, Stoffdecke, die ihnen wie ein Rock von der Hüfte bis zu den Knöcheln reicht. Sie kann mit symbolischen Ornamenten bzw. farbigen Bändern ("ribbons"[2]) verziert sein, der Oberkörper bleibt nackt.Die Tänzerinnen tragen (mehrfarbige) Stoff-

---

1) Dabei handelt es sich um, an einer Schnur aufgereihte, mit "Bull Durham"-Tabak gefüllte rote Stoffbeutelchen (**canli wapah˜te** auf Lakota) für die **spirits**. Damit wird auch das Flaggen-Viereck für die Visionssuche verbunden, man hängt sie in die Schwitzhütte etc. Ein Lakota erzählte mir, er fertige sie an, wenn er beim Trampen nicht weiterkommt.

2) Laut Auskunft einer älteren Lakota sind die sogenannten **ribbon shirts** (mit applizierten farbigen Bändern) der Lakota in den Sechzigern als Ausdruck indianischen Selbstbewußtsein aufgekommen: "We Indians always loved decoration."

kleider, die dem traditionellen Frauengewand nachempfunden sind, und vielleicht noch einen Schal mit Fransen zusätzlich um die Hüften geschlungen. Ich habe nur eine Tänzerin in einem perlenbestickten weißen Wildlederkleid gesehen - das kostspielige "buckskin" ist eher für Hobby-Indianer in Nordamerika und Deutschland erschwinglich. Von den übrigen Frauen im Lager wird erwartet, daß sie nicht in kurzen Hosen ("hot pants") herumlaufen. Tänzer wie Tänzerinnen tragen aus Salbeizweigen, und rotem Stoffband darum, gewundene Kränze auf dem Kopf sowie um die Hand- und Fußgelenke; an dem Kopfkranz sind häufig Federn des "Golden Eagle" appliziert. Die männlichen Tänzer tragen um den Hals an einem Lederband die Adlerknochenflöte (**eagle bone whistle**), von derem vorderen Ende eine Adlerflaumfeder absteht; manche tragen noch ein symbolisches Ornament auf der Brust, beispielsweise eine Scheibe in Form einer Sonnenblume(!). Alle Tänzer tragen ihr Haar offen, also lose herabhängend, falls sie es, wie es meist der Fall ist, haben traditionell lang wachsen lassen.[1] Im heiligen Kreis bewegt man sich normalerweise barfuß, nur wenige Tänzer tragen traditionell bestickte Ledermokassins. Brillen dürfen nicht mit auf die Tanzfläche genommen werden. Die Kleidung des jeweils leitenden Medizinmanns ist individuell verschieden: Einer trägt nur einen Rock wie die Tänzer auch, ein anderer ein spezielles Hemd dazu, ein anderer wählt farbige Stoffleggins und Schurze.

An allen vier Tagen reinigen sich die Tänzer vor und nach den Tanzhandlungen in der Schwitzhütte. Wie bei jeder Zeremonie werden alle Bewegungen im Uhrzeigersinn ausgeführt. Morgens tanzen die Tänzer in einer Linie, die Frauen hinter den Männern, vom Vorbereitungstipi außerhalb der Laube bis zum Osteingang, durch den sie den Tanzkreis betreten und ihn nach Abschluß der Tanzhandlungen am späten Nachmittag auch wieder verlassen; dabei machen sie in den

---

1) Lakota erklärten mir, daß das Haar die Erinnerung ("memory") repräsentiert. Daraus ist auch leicht verständlich, weshalb sich die Indianer "zum Zeichen der Trauer" die Haare abschnitten; ein Lakota sagte mir, er habe sich sein Haar wegen "bad memories" abgeschnitten. Lakota-Männer, die ihre Haare traditionell wachsen lassen, tragen sie im Alltag überwiegend im Nacken zusammengebunden.

vier Himmelsrichtungen halt und wenden sich ihnen mit erhobenen Armen zu. Den Osteingang darf während der Zeremonie niemand überschreiten ("Nobody may cross the east entrance."); ein Medizinmann erklärte das den Anwesenden einmal damit, daß der heilige Kreis einem Mutterleib gleich sei ("... is like a mother´s womb."). Im Westen des Tanzkreises wird am ersten Tag der Altar errichtet, bestehend aus einem Bisonschädel und einem **pipe rack**, an das die Pfeifen der Tänzer, deren Stiele mit Salbei und rotem Stoff umwickelt sind, gelehnt werden. Den Bisonschädel trägt der Anführer der Tänzer (**leader of the dancers**) in den Tanzkreis und nimmt ihn am Ende des Tanzes auch wieder mit hinaus.

Das Geschehen ist an allen vier Tagen prinzipiell das gleiche: Tanzphasen und Pausen, in denen sich die Tänzer unter dem Schattendach im Westen ausruhen können, wechseln miteinander ab. In jeder Tanzphase tanzen die Tänzer, beginnend am Westeingang, entlang der Peripherie des heiligen Kreises im Uhrzeigersinn von einem Richtungseingang zum nächsten; die weiblichen Tänzer befinden sich immer hinter den männlichen. Die Tanzbewegung besteht in einem abwechselnden Auf und Nieder des rechten und linken Fußballens. Der Wechsel von einem Eingang zum nächsten geschieht meist dergestalt, daß der leitende Medizinmann den Salbeiarmreif des Anführers der Tänzer faßt und ihn zum folgenden Eingang führt. Befinden sich die Tänzer in einer der vier Himmelsrichtungen, so tanzen sie auf der Stelle; die männlichen Tänzer nehmen ihre Flöten an den Mund, und ihr Atem erzeugt einen Pfeifton, der mit einem Laut des Adlers selbst identisch sein soll. Die Tänzer sind entweder zur Mitte, zum heiligen Baum gewandt, oder sie wenden sich der jeweiligen Himmelsrichtung zu. Es kann auch sein, daß der Medizinmann in einer Tanzphase die Tänzer auf die vier Kardinalpunkte verteilt. In Intervallen heben die Tänzer, auf der Stelle tanzend, einen oder beide Arme empor. Die Sänger sitzen auf Klappstühlen mit ihren Trommelstöcken im Kreis um eine große Trommel unterhalb der Laube. Die von ihnen gesungenen **sundance songs**, vom **head singer** intoniert und oft über Mikrophon verstärkt, begleiten die Tanzphasen. Die heiligen Lieder werden auf Lakota gesungen; es existiert eine Prophezeiung, die Lakota würden die Lieder in der Zukunft auf Englisch singen. Die übrigen Anwesenden sitzen auf Klappstühlen, stehen oder tanzen unterhalb des Laubdachs.

Jeweils an der Südseite angelangt, überreichen die Tänzer eine oder mehrere ihrer Pfeifen zuerst an die Sänger bzw. später auch an andere Personen außerhalb des Tanzkreises, die vorher einen Salbeizweig erhalten haben. Bei der Übergabe der Pfeifen werden diese mit beiden Händen horizontal gehalten, dreimal offeriert und wieder zurückgenommen, beim vierten Mal werden sie tatsächlich überreicht, dann geraucht und wieder zum Altar gebracht. Im Verlauf des Sonnentanzes wandern die Pfeifen im Uhrzeigersinn von einem zum anderen unterhalb der Schattenlaube. Nach der Pfeifenübergabe ist eine Tanzrunde abgeschlossen; in den Pausen zwischen den einzelnen Tanzphasen können Ansprachen gehalten und Geschenke verteilt werden (**give-away**). Im heiligen Kreis können weitere zeremonielle Handlungen ausgeführt werden, wie Eheschließung (**Indian wedding**), **hunka**-Zeremonie (Adoption), **name giving ceremony**[1] oder eine kollektive Heilungszeremonie (**doctoring ceremony**). Auch können Nicht-Tänzer **flesh offerings** geben, d.h. sie lassen sich Fleischstückchen aus der Schulter- und Armpartie entnehmen. Für alle den heiligen Kreis durch einen bestimmten Eingang Betretende gilt, daß sie barfuß sein und gegebenenfalls ihre Brille ablegen müssen.

Das **piercing** der männlichen Tänzer, die gelobt haben, es zu vollziehen - eine Frau sagte mir: "My son did it to make his grandfather live longer." - geschieht normalerweise am vierten Tag; es kann jedoch auch auf alle vier Tage verteilt sein. Der jeweilige Tänzer legt sich auf ein Bisonfell am Fuß des Baumes, wo ihm ein Medizinmann die entsprechenden Wunden beibringt und ihm die an den Enden gespitzten Hölzer waagerecht unter die Haut schiebt. Frauen können **flesh offerings** geben. Die Tänzer wählen meist die Form, die auf Lakota **wicapahlokapi** heißt: Die oberhalb der Brustwarzen verankerten Hölzer werden mit einem vom Baum herabhängenden Seil ver-

---

1) Dabei werden **Indian names** auf Lakota, der Namensgebung in der originären Kultur entsprechend, vergeben, unabhängig vom offiziellen Vor("Christian")- und Zunamen. Zur Assimilierung der Lakota in das angloamerikanische Namensführungssystem zu Beginn der Reservationszeit siehe Daniels 1975:223-225 !

bunden, der Tänzer betet, mit beiden Händen an den heiligen Baum
gestützt, dann geht er zurück und reißt sich los. Dasselbe kann
auch mit im Rücken angebrachten "skewers" geschehen. Eine weitere
wiederbelebte Form ist **ptepa yuslohanpi**, d.i. diejenige, bei der
der Tänzer eine Zahl Bisonschädel hinter sich herzieht, welche mit
einem Seil an den Spießen in seinem Rücken angebracht sind. Er beginnt, sich auf einen Stab stützend, im Westen und zerrt die Schädel solange entlang der Peripherie des heiligen Kreises, bis seine
Haut reißt. Gegebenfalls können Kinder ihm helfen, sich von seiner
Last zu befreien, indem sie sich auf die Schädel setzen. An-
schließend faßt ihn ein anderer an einem Salbeiarmreif und läuft
mit ihm den Kreis einmal ab, wobei der Tänzer sich vor jedem
Eingang mit erhobenen Armen um die eigene Achse dreht. Einzelne
Tänzer führen im Verlauf eines Sonnentanzes beide genannten Formen
aus, oder sie lassen sich, bezogen auf die erstgenannte, sowohl in
die Brust, als auch in den Rücken Spieße stecken. Einige lassen
sich auch Adlerfedern an den Schultern und Armen anbringen (**feather
piercing**). Verständlicherweise stellt das **piercing** den ergreifends-
ten Teil der Zeremonie dar. - Nie werde ich den erschöpften Tänzer
vergessen, der sich mit letzter Kraft losriß und in die Arme seiner
hinter ihm tanzenden Angehörigen sackte, seine junge Tochter trä-
nenüberströmt.

Oft wird angenommen oder behauptet, die Sonnentänzer schauten
während des Tanzes permanent in die Sonne. Dies wäre gar nicht
möglich, da sie ja ständig ihre Position und Blickrichtung wechseln; laut Fools Crow haben sie es auch niemals getan (Mails 1978:
203). Stattdessen blicken sie überwiegend zur Baumspitze bzw. in
den Himmel, Visionen erwartend. Sie sollen während der vier Tage
weder essen noch trinken, doch die Lakota sagen selbst, daß sie
nicht mehr so widerstandsfähig sind wie ihre Vorfahren. Ist es sehr
heiß, nehmen die Tänzer nach Abschluß des "Tagespensums" Flüssig-
keit zu sich.

Am vierten Tag, nach Beendigung der Handlungen im heiligen Bereich,
verlassen ihn die Tänzer in einer Reihe durch den Eingang im Osten.
Sie wenden sich nach rechts und begeben sich entlang der äußeren
Peripherie des **arbor** zu ihren Schwitzhütten und Tipis. Dabei pas-

sieren sie sämtliche Nicht-Tänzer, die sich in einer Reihe aufgestellt haben und ihnen die Hand geben. Der Sonnentanz ist zu Ende. Manche brechen ihre Zelte an diesem Tag ab, andere bleiben die Nacht noch auf dem Sonnentanzplatz. Die Tanzlaube und der heilige Baum, Mittelpunkt der letzten vier Tage, werden den Naturkräften überlassen. Wer den Sonnentanz viermal getanzt hat, heißt es, ist ein Sonnentänzer.

4.7. Bedeutung und Aufgabe der Zeremonie

Weshalb die Lakota den Sonnentanz tanz(t)en, kommt in den Sonnentanzliedern zur Sprache. Ein Sänger lehrte mich ein Sonnentanzlied, das er mir, wie folgt, aufschrieb und ins Englische übertrug: "**Oyate he wamayunka po** (People look at this) - **Cannunpa wakanca yuha cewakiyelo he** (Sacred pipe you have pray with it) - **Oyate wanipk taca lecamu welo he** (So the nation can live I`m doing this)". Einen weiteren **sundance song** erklärte er mir mit diesen Worten: "This song is a direction song. We sing to the Four Directions and to the Great Spirit and to the Mother Earth when we fill our pipes to pray with. Each direction has its own name. We ask to the west - there is a Grandfather there and he his looking this way, so I`m praying to him that he will help me... and to the north, there is a Grandfather there and he is looking this way and I`m praying to him that he`ll help me. And in the east and in the south there is the same. And we point our pipe to the sky and say that is where the Great Spirit is and I`m praying to him that he`ll help me. And then we point our pipe to the earth and say there is the Mother Earth underneath us and I`m praying to her that she`ll help me."

Der Sonnentanz ist ein kollektives Bitten um Hilfe von den übergeordneten metaphysischen Kräften, seine Aufgabe ist es, die Existenz der Gemeinschaft (**oyate**/"nation"), der erstrebten Lebensweise zu perpetuieren. Dafür, und nicht allein aus persönlichen Motiven heraus, tanzen die Tänzer bzw. "opfern" sie ihren ureigensten Besitz, ihren Körper. Wer tanzt, um anderen damit zu imponieren, hat die Bedeutung des Rituals nicht verstanden. Standing Bear nennt den Sonnentanz einen Tribut an **Wakan Tanka** für alle seine

Segnungen und das Leben selbst, ein Gebet um alle guten Dinge wie reichliche Nahrung, Gesundheit, das Leben des Stammes (1978:224). Laut Amiotte leisten die Lakota über die Zeremonie ihren Beitrag zum andauernden Schöpfungsprozeß dieser Welt. Das Einschneiden des Fleisches und Anbringen der Riemen sei keine Folter, sondern die buchstäbliche Verbindung der vier Seelenteile des Tänzers mit der "sacred power inherent in the sun, the tree, the zenith, and the nadir, all the forces of the earth that are centered there" (1987: 84, 88).

Der heilige Baum im Zentrum, um den sich buchstäblich alles dreht, ist unzweideutig Sinnbild des Lebens; von der Erde zum Himmel reichend, steht er für die Verbindung, Durchdringung dieser Sphären. Die Figuren von Mann und Bison (auch das Kirschzweigbündel) sind Symbole der Fruchtbarkeit, auch wenn der Bison nicht mehr die Lebensgrundlage der Lakota ist. Die Hinwendung der Tänzer zu den vier Himmelsrichtungen komplettieren ihre Bezugnahme zum Uni-versum. Und wenn der heilige Kreis, dessen Haupteingang der aufgehenden Sonne zugewandt ist, wie ein Uterus anzusehen ist, dann handelt es sich beim Sonnentanz letztlich um die zeremonielle Wiedergeburt der Lakota und ihrer Welt.

Nach wie vor ist der Sonnentanz ein bedeutendes soziales Ereignis, zu dem Lakota aus Reservaten und Städte, auch Indianer anderer Stämme sowie Weiße, zusammenkommen und ein Zeltlager errichten, das dem **tiospaye** der originären Gesellschaft ähnelt. Der heute typische Faktionalismus der Lakota zeigt sich hier in der Vielzahl von Sonnentänzen, welche die "nation" in Sonnentanzlager splittert. Spenden ermöglichen es, daß an alle Essen verteilt werden kann; oder einzelne Familien haben einen Anlaß, ein Fest zu geben, weshalb für sie vielleicht ein **honoring dance** getanzt wird. Vorzugsweise werden traditionelle Speisen bereitet, das sind solche, die aus der Bisonjägerzeit stammen bzw. über die Lebensmittelrationen entstanden sind. Dazu gehören zum Beispiel gekochte Eingeweide vom Rind, **wojapi** aus mit Mehl verdickten Kirschen und **fried bread**, in Fett gebratene Teigfladen, für welche die Indianer, wenn man einem Autoaufkleber Glauben schenken will, meilenweit geht. Bisonfleisch ist natürlich sehr begehrt, wird aber meist durch

Rindfleisch ersetzt, da es schwer zu beschaffen ist; der Antrag auf einen Bison aus der Stammesherde für den Tanz in Green Grass wurde 1987 abgelehnt.

Die Zeremonie ist auch ein Medium zur Erreichung politischer Ziele, ein authochtoner spiritueller Weg, das (Über-)leben der Lakota zu perpetuieren, die soziopolitische Situation zu verbessern. Besonders deutlich zeigt sich die politische Dimension des Lakota-Sonnentanzes in seiner Nachahmung durch Navajo-Indianer im Big-Mountain-Gebiet, die sich gegen ihre geplante Umsiedlung aus der "Joint Use Area" widersetzen. Sie baten einen Medizinmann vom Rosebud-Reservat um Erlaubnis, die Zeremonie durchführen zu können; diese Erlaubnis müssen sie alle vier Jahre erneut einholen. Ihr Widerstandslager benannten sie nach der 1976 auf dem Pine-Ridge-Reservat ermordeten Lakota und **AIM**-Aktivistin Anna Mae Aquash.

f) Die Yuwipi-Zeremonie

Die gegenwärtige **Yuwipi**-Zeremonie[1] geht auf die Steinträumer ("Rock dreamers") der Bisonjägerkultur zurück, die, wie Thomas Tyon alias Gray Goose Walker mitteilte, als "Yuwipi"-Gesellschaft bezeichnet wurden. Von diesen Männern heißt es, daß sie gegen Geschosse, selbst Kugeln, gefeit waren. Sie galten als "wakan" und konnten für andere das im Krieg schützende Amulett "wotave" herstellen. Wenn jemandem etwas abhanden gekommen war, so gab er ein Fest für die Steinträumer, zu dem alle heiligen Männer erschienen. Der Träumer ließ sich Hände und Füße fesseln, dann wurde das Feuer gelöscht, und die heiligen Männer schlugen die Trommel, schüttelten die Rassel und sangen laut dazu. Auf Anweisung des Zusammengebunde-

---

1) "Yuwipi" wird meist mit "they wrap him up" übersetzt; gemeint ist der **yuwipi man**, der während der Seance in einer Decke verschnürt wird. "yuwi" übersetzt Buechel in seinem "Lakota-English Dictionary" mit "to wrap up, bind up, bandage", und unter "yuwipi" steht: "yuwipi - transparent stones, usually found on ant hills and used in the **wakan wicoh˙an** called yuwipi, which consists of one being tied all around and being loosed by magic" (1970:646).

nen wurde das Feuer erneut entfacht. Nun war der Träumer seiner Fesseln ledig; das Gesuchte erschien entweder realiter, oder er konnte sagen, wo es, beispielsweise ein gestohlenes Pferd, sich genau befand und wer er es gestohlen hatte. Tyon: "It is the Rock that does this, they say." (1980:153-155) Denn "Inyan", so ein von Walker nicht namentlich genannter Medizinmann, weiß um alles auf der Erde, kann sagen, wo sich ein gestohlenes Pferd, wo sich eine Büffelherde befindet (ebd.:118). Nach Lame Deer gab es "in den alten Tagen" einen Stein, der ausgesandt wurde, um Bisons ausfindig zu machen. Er wurde auf eine Büffelhaut gelegt, verschwand plötzlich und landete wieder auf ihr. In den "Yuwipi-Feiern" wurden Steine auf die Reise geschickt, um vermißte Objekte wiederzufinden (1979:210).[1]

In "Land of the Spotted Eagle" von 1933 erzählt Standing Bear von seinen persönlichen Erfahrungen mit Steinträumern, die ihre fliegenden Steine aussenden konnten. Einer namens White Crow gab Standing Bear's erkrankter Stiefmutter pflanzliche Medizin, woraufhin sie nahezu sofort gesundete; ein "Stone Dreamer" konnte also auch als Heiler fungieren. Über den berühmten, 1916 verstorbenen Horn Chips berichtet er, daß er in der Schwitzhütte mit Hilfe der heißen Steine verlorenen Dinge, Pferde und abwesende Menschen lokalisieren konnte. In seinem Medizinbeutel trug er, zum Teil farbig bemalte, Steine: "When he was making medicine they would fly to him and they could be heard striking the tipi and after we moved into houses I have heard them dropping down the chimney and have seen them lying about on the floor where they had fallen." (1978:207-208)

Horn Chips wollte in seiner Kindheit Selbstmord begehen, wurde aber vom "Great Spirit" dazu veranlaßt, eine Visionsgrube auf einem hohen Berg zu graben und dort vier Tage zu verbringen. Dort erhielt er Anweisungen von einer Schlange, die **Wakan Tanka** geschickt hatte (Ruby 1955:52). Um den **Yuwipi**-Mann, der er wurde, als Scharlatan zu entlarven, verlangte der Superindendent des Pine-Ridge-Reservats

---

1) Buechel: "yuwipi wasicun - a sacred round hard stone that is supposed to have power in the hands of those who have dreamed" (1970:656).

von Chips, eine Zeremonie in einem beleuchteten Raum abzuhalten. Indianerpolizei war anwesend, und der Polizeichef selbst verschnürte den Medizinmann sorgfältig in eine Decke. Lichter blitzten an der Zimmerdecke auf, und als dies aufhörte, war Chips entfesselt, der Versuch, ihn als Betrüger hinzustellen, gescheitert. Seine Hilfsgeister hatten viele verschiedene Stimmen, und seine Prophezeiungen sollen sich alle erfüllt haben (Feraca 1963:36). 1862 oder `63 fertigte er für Crazy Horse ein **wotawe** an, bestehend aus einem kleinen weißen Stein mit einem Loch, den der Kriegshäuptling mittels einer Lederschnur zu seinem Schutz unter dem linken Arm trug (Hinman 1930-1931). Lame Deer behauptet, daß es primär Chips war, der die Religion der Lakota vor dem Ethnozid rettete (1979:181). Innerhalb seiner Lineage gab und gibt es praktizierende **Yuwipi**-Männer(ebd.; Powers 1984:95).

Macgregor nannte das "Yuwipi meeting" oder"Yuwipi ritual", wie schon erwähnt, den einzigen Kult der alten Religion, den die Sioux beibehalten hätten. In ihm würden die Sonne und das Tageslicht, die Dunkelheit, der Stein ("Rock") sowie "Wakinyan" bzw. "Heyoka" verehrt. Ziel des Rituals sei es, die Geister oder "little people"[1], die auf dem Land lebten, herbeizurufen, damit sie dem Medizinmann bei der Krankenheilung oder dem gelegentlichen Auffinden abhandener Objekte berieten. Er skizzierte die Zeremonie folgendermaßen: Sie findet in einem völlig abgedunkelten Raum statt. Der Medizinmann wird gefesselt unter eine Decke gelegt; diejenigen, die ihn konsultiert haben, plazieren "offerings" rund um einen Altar oder die Plattform, auf der er sich befindet. In der Dunkelheit ruft der **Yuwipi**-Mann die Geister, und während er mit ihnen spricht, trommeln und singen vier Männer. Man hört den Klang pochender Steine, seltsame Geräusche und sieht aufblitzende Lichter im ganzen Raum. Plötzlich verstummen alle Geräusche, und der Medizinmann teilt den Anwesenden die Anweisungen der Geister mit. Wenn das Licht ange-

---

1) Powers beschreibt diese Geister als drei Fuß hoch, barfüßig und mit Schlamm beschmiert. Sie seien Indianer, die vor der Ankunft der Weißen lebten, trügen Schurze und Miniaturbogen und Pfeile (1984: 56).

macht wird, steht er frei da, die "offerings" sind verschwunden (1946:98-99). Macgregor prognostizierte dem **Yuwipi**-Treffen eine lange Existenzdauer, denn es gebe in jeder Population ein Element, daß an Zauberei Gefallen finde; mit zunehmendem Kontakt der Lakota zur Welt außerhalb der Reservate würden die **Yuwipi**-Praktiken jedoch mit Sicherheit zurückgehen (ebd.:103).

1978 hält Mails die Zeremonie für extrem populär. Sie werde abgehalten, um für Kranke zu beten, Visionen zu suchen, die Zukunft zu erfahren und um Dinge wiederzufinden (1978:95). Powers, der **Yuwipi** zu den schamanistischen Kultinstitutionen im Sinne von Wallace rechnet, vermutet sechs Jahre später sogar, daß sich die Zeremonie in den nächsten Jahren möglicherweise zum bedeutendsten Ausdruck der spirituellen Werte der Oglala entwickeln werde (1984:101). Ich habe praktizierende **yuwipi men** kennengelernt, doch bis dato nicht an solch einem "meeting", das mit einem gemeinschaftlichen Mahl, vom Ratsuchenden gesponsert, abschließt, teilgenommen. Aus Berichten aus jüngerer Zeit[1] geht hervor, daß sich die Strukturelemente dieses schamanistischen Rituals nicht gewandelt haben. Wer an einer detaillierteren Beschreibung interessiert ist, den verweise ich insbesondere auf Powers Arbeit "Yuwipi, Vision & Experience in Oglala Ritual", die auf seinen persönlichen Erfahrungen in der Red Cloud Community, Pine-Ridge-Reservat, basiert.

Weder der Einfluß der christlichen Sekten auf den Reservaten noch der des positivitisch-szientistischen Denkens haben den **yuwipi man**, autochthoner Therapeut und Medium, verdrängen können. Zur bedeutendsten lebendigen Manifestation des **Indian way** hat sich aber nicht, wie Powers mutmaßte, die **Yuwipi**-Zeremonie entwickelt, sondern, seinem originären Status gemäß, der Sonnentanz **wi wanyang wacipi**.

---

1) Etwa: Lame Deer/Erdoes 1979, Powers 1982/1984 und Lewis 1987.

V. Beharrung und Wandel

Der aufmerksame Leser dieser diachronischen Betrachtung eines Ausschnitts aus dem Zeremonialwesen der Lakota wird erkannt haben, inwiefern sich die sacred ceremonies, wie sie heute von den Lakota genannt werden, im kontinuierlichen dialektischen Spannungsfeld von Tradition und Innovation gewandelt haben. Fassen wir diesen Prozeß, der im "Moment" bei einer Phase angelangt ist, die wir mit Revitalisation bezeichnet haben, noch einmal zusammen:

Bezogen auf die äußere, sinnlich wahrnehmbare Form der Zeremonien könnte man die Wandlungen begrifflich unter der Bezeichnung "Technische Modifikation" subsumieren. Der Einfluß der techné und der daraus entstandenen materiellen Güter der angloamerikanischen Kultur (die wiederum von der der eingeboren Ethnien beeinflußt wurde) auf die Kultur der Lakota ist auch an den autochthonen Riten nicht spurlos vorbeigegangen, insbesondere dann, wenn diese Güter bestimmte, der Zeremonie angehörende Arbeitshandlungen erleichterten, ökonomisierten. So ist in der Schwitzhüttenzeremonie beispielsweise die "pitchfork", mit der die glühendheißen Steine von der Feuerstelle in die Grube in der sweat lodge gebracht werden, nicht mehr wegzudenken. Moderne Werkzeuge und Maschinen (Autos), die im Alltagsleben zur Normalität gehören, werden den Zeremonien, die innerhalb eines anderen ökologischen Umfeldes und einer darauf bezogenen Kultur entstanden sind - bis zu einer gewissen Grenze - integriert. Diese behauptete Grenze sehe ich dort, wo sich die übernommenen "white man things" nach dem Dafürhalten der Lakota nicht mehr mit dem "sacred intent"/"sacred charcter", auf den wir noch einmal zu sprechen kommen müssen, vertragen, also einen Widerspruch zu ihm darstellen. Diese Ersetzung von traditionellen Gegenständen und Materialien durch moderne stellt für mich keine eigentliche Dekulturation dar, sondern eine Anerkennung der gewandelten Umstände und ein Sich-anpassen an diese (Siehe Schlußbetrachtung !).

Auch der rituelle Ablauf hat sich, wie der historische Vergleich zeigt, zum Teil verändert; einzelne Elemente der Zeremonien sind verschwunden bzw. den gewandelten Bedingungen, Bedürfnissen, dem neuen "mazeway" angepaßt worden.Das Wie der Schwitzhüttenzeremonie, der Visonssuche ist grundlegend gleichgeblieben, auch das Handlungsmuster der **yuwipi**-Zeremonie. Der Sonnentanz wurde im historischen Verlauf modifiziert bzw. mit ihm fremden Elementen vermischt. Erst in jüngerer Zeit hat er eine Restauration erfahren; das derzeitige Ergebnis ist eine reduzierte Fassung des authentischen.

An den meta-physischen Strukturen, den konstitutiven Einheiten einer Kultur, ihren Trägern angeblich unbewußt, kommt man spätestens seit der Struktur-Konzeption von Claude Lévi-Strauss nicht mehr vorbei. William K. Powers, der sich so intensiv mit der auch heute noch größten Untergruppe der Lakota, den Oglala, befaßt, hat in seiner Arbeit "Oglala Religion" versucht, basierend auf den Theorien von Lévi-Strauss, Firth und Leach, die "constituent units", die strukturellen Beziehungen zwischen Mythen, Ritualen und anderen Aspekten der sozialen Organisation der Oglala auf analytischem Wege offenzulegen, um zu zeigen, daß sie sich, trotz einer offenkundigen Transformation der sozialen Beziehungen, welche er als ˜modes of cultural expression˜ interpretiert, über Zeit und Raum hinweg erhalten haben. Sein Ergebnis bzw. seine Prämisse ist, daß sich bei den Oglala, die zwischen den Extremen der Oglala- und der angloamerikanischen Kultur hin- und herpendeln würden, die einstigen Jagdgruppen, deren Überleben von den Fähigkeiten eines Jäger-Kriegers abhängig gewesen sein soll, in lokale Reservationsgemeinschaften transformiert hätten, deren soziales und kulturelles Überleben nun von dem Scharfsinn eines rituellen Spezialisten (sprich: **medicine man**) abhängig sei; das soziopolitische System habe sich zu einer religiösen Institution ("religion as an institution") gewandelt, wobei die soziale Struktur beider gleich sei (1982:Introduction; Chapter 13:Introduction). Bei der Erstellung seiner tabellarischen Auflistung der der Oglala-Kultur zugrundeliegenden Strukturen ist er meines Erachtens selbst zum "bricoleur" (Bastler) geworden, um das Theoriemodell in der "Praxis" halten zu können. Wichtig erscheint mir seine Ablehnung von Akkulturationsstudien, die von einer homogenen Gesellschaft ausgehen, welche sich im Laufe des Kontakts zu einer Gesellschaft europäischen Ursprungs zwangsläufig einseitig anpassen würde:

"Most anthropologists studying acculturation assume that all aspects of Native American culture have, or will become "Americanized" without examining to what extent aspects of Euro- American culture have become "Indianized". The tenacity of Oglala cultural values, however, seems to (...) affirm the validity of the latter approach." (ebd.:XII) Die inneren Strukturen der Lakota-Kultur haben sich aber mit Sicherheit - die manifesten Wandlungserscheinungen transzendierend - erhalten, sie gewährleisten das Bestehen der ethnischen Originalität. Zwei einfache Beispiele: Bei den Lakota sind nach wie vor "alle guten Dinge" vier bzw. sieben bzw. ein Produkt aus diesen Zahlen. Der Kreis, die Kreisbewegung im Uhrzeigersinn ist ein den Zeremonien inhärentes Prinzip, das von Modifikationen unberührt bleibt. - Die beutsame Rolle der heutigen Medizinmänner haben wir bereits eingehend besprochen.

Essentiell für das "Problem" von Beharrung und Wandel, von Akkulturation und Revitalisation im Rahmen der zeremoniellen Handlungen halte ich eben das Wesen der Zeremonien sowie die Absicht, mit der sie vollzogen werden. Damit schließe ich mich Medicine an, die den Begriff "sacred sphere" gewählt hat, bzw. Amiotte, der von "sacred intent/sacred character" spricht. Was damit gemeint ist, ist verbal schwierig zu vermitteln, auch ist es der gewöhnlichen sinnlichen Wahrnehmung, die sich so leicht täuschen läßt, nur schwer zugänglich. Eher ist es intuitiv zu erspüren, zu erfassen... und auch nur von dem, der sich in das indianische Weltbild, das Lakota-Ethos hineindenken, hineinfühlen kann. - Denken wir an den Sonnentanz , wie er sich vor seiner Restauration , nach der Schilderung von Feraca und Powers, "auszeichnete", an die Absicht, mit der er, zumindest von Seiten des "Tribal Council", vollzogen wurde. Handelte es sich nicht um eine unglückliche Persiflage , um eine Negation dessen, was eigentlich gemeint ist? Oder nehmen wir die Käuflichmachung der Lakota-"Spiritualität" durch einzelne "Medizinmänner". Sie reizt zum Zorn oder zum Lachen, eben weil die Kommerzialisierung einer **sacred ceremony** einen Widerspruch in sich darstellt. - Darüber, inwieweit die Lakota die spirituelle Essenz ihrer Zeremonien bewahrt haben, will, und kann ich auch eigentlich nicht urteilen. Nur soviel sei hier gesagt, daß die innere Einstellung der Lakota zu ihrer traditionellen Religion individuell verschieden sein kann. Wie es scheint, war das Leben in der traditionellen Gesellschaft eingebettet in, verwoben mit dem Zeremoniellen; ein Sich-loslösen, Abtrennen davon war wahrscheinlich ein Ding der Unmöglichkeit. Der Kontakt zu den behaarten Männern und den Frauen aus dem Osten hat wohl erst die Verneinung der "sacred sphere of native life" ermöglicht; auf jeden Fall hat ihr Einfluß (Alkohol, Massaker, Bevormundung, Missionierung, Umerziehung etc.) dazu geführt, daß das Wesentliche der Zeremonien beschädigt worden ist und deshalb restauriert werden mußte bzw. muß.

Darüber hinaus sollten wir bedenken, daß die Quellen, auf die wir uns stützen können, um die Zeremonien in ihrer "Ursprünglichkeit" zu rekonstruieren, auch nur eine Krücke darstellen. Walker beispielsweise war der Lakota-Sprache nicht mächtig, seine Dolmetscher waren nicht in beiden Sprachen zu Hause bzw. kannten die esoterische Sprache der heiligen Männer nicht; die Angaben seiner Informanten (ausschließlich Männer) waren sicherlich bedingt von ihrer persönlichen Sicht der Dinge[1]; Walker wurde nur zum Schein ein "buffalo medicine man", denn er war nicht in der Lage, die entsprechende Vision zu erfahren. Black Elk konnte, da Analphabet, seine Erinnerungen aus der Kindheit nicht selbst schriftlich fixieren, sein Sprachrohr Neihardt war von Hause aus Poet und konnte wohl auch nicht aus seiner Haut, als er sie zu Papier brachte; bei der Beschreibung des Sonnentanzes gegenüber Brown hat wahrscheinlich Black Elk den Tanz der Lakota und den der Arapaho durcheinandergebracht... Und ebenso sind die Darstellungen aus neuerer Zeit, meine eigenen Erfahrungen nicht ausgenommen, gefärbt von der subjektiven Rezeption des "Wirklichen".

---

1) Sein hauptsächlicher Informant, George Sword, war bereits zum Christentum konvertiert.

C SCHLUSSBETRACHTUNG

> "We must transmit a strong identity
> as **Lakota** to our children."
> (Beatrice Medicine)
>
> "The buffalos are still a very
> powerful people."
> (Arwal Looking Horse)
>
> "... Take courage! Take heart!
> Be Crazy Horse proud
> Let your spirits fly
> with that eagle in clouds
> For Sitting Bull has said,
> `If a man loses something
> and he goes back
> and looks for it long enough
> he will find it once again.´
>
> Have you ever thought
> how beautiful it would be
> if we could become one people
> once again
> and stand together in unity?"
> (Schluß des Gedichts "`Message From
> An Eagle´(Dedicated to Win-Ihaun
> 1963-1985)" von Mitchell Zephier
> a/k/a Chaske Pretty Voice Hawk)

Die betrachteten Zeremonien streben eo ipso nach (Re-)vitalisation. Wohl nicht zuletzt deshalb spielen sie eine zentrale Rolle innerhalb der rezenten Erneuerungsbewegung. - Die Schwitzhüttenzeremonie soll die Lebenskraft des Menschen, krank oder gesund, stärken; der Visionssuchende sucht Orientierung und Kraft für seinen Lebensweg; der Sonnentanz zielt auf die zyklische Erneuerung des Lebens der Gemeinschaft:" So the nation/**oyate** can live I`m doing this."; die heilige Büffelkalbpfeife, der nun alle sieben Jahre eine Zeremonie zukommt, soll den Lakota-Kosmos, den sie repräsentiert, revitalisieren, ihre segnende Kraft soll sich auf die Zeremonialpfeifen übertragen; die Aufgabe des **Yuwipi**-Mannes ist es, Kranke zu regenerieren bzw. die (etwa durch einen Diebstahl) unterbrochene Integrität einer Gruppe wiederherzustellen; das Rauchen einer heiligen Pfeife/Friedenspfeife, allen Zeremonien inhärent, trachtet nach der (Wieder-) Herstellung der harmonischen Beziehungen innerhalb der als Kreis erkannten Gemeinschaft (des Lebens) bzw. zwischen den Menschen und der `anderen Welt´ ("the other world"; N. Black Elk).

Die zeremoniellen Vollzüge sind keineswegs statisch geblieben, ebensowenig wie das Leben der Menschen, die sich heute zu den Lakota beziehungsweise zur **Great Sioux Nation** zählen. Denn das Leben, mit denen die rituellen Verrichtungen untrennbar verbunden sind, ist ein beständiges Wandlungsgeschehen. Echte Revitalisation kann nicht eine Reise mit der Zeitmaschine in die Vergangenheit bedeuten. Selbst wenn ihre Träger genau wüßten, wie "ihre" Kultur, oder auch nur einige Aspekte dieser, während einer bestimmten, als wertvoll erachtenden Zeitspannne ausgesehen haben, so könnten sie sie nicht - die eingetretenen Veränderungen außer Acht lassend - schlichtweg kopieren. Denn dann wären sie keine vitale Bewegung, sondern eine kurzlebige museale Theatergruppe.

Besonders in den siebziger und achtziger Jahren dieses Jahrhunderts haben die "Teton-Sioux" all jene Lügen gestraft, die sie, zumindest auf kulturellem Niveau, längst abgeschrieben hatten bzw. hatten abschreiben wollen. Ihre Erneuerungsbewegung ist der natürliche Ausdruck des "Willens zum Leben" einer Gruppe, die sich der Gehirnwäsche durch eine diktatorische, sich überlegen fühlende, an Anzahl tatsächlich überlegene Gesellschaft widersetzt hat. Hinter dem Black-Hills-Fall (Parole:"The Black Hills are not for sale.") steckt die Hoffnung einer Wiederbelebung der Lakota-Kultur und Souveranität. Was aber konkret geschehen würde, falls den Lakota die Black Hills zuerkannt würden, darüber konnte oder wollte man mir keine Auskunft geben. - "If the Indians had tried to make the whites live like them, the whites would have resisted...", äußerte sich der Santee-Sioux Big Eagle im Zusammenhang mit dem Aufstand von 1862 (Standing Bear 1978:XII). Zu einer solch evidenten Einsicht waren seine "zivilisierten" Zeitgenossen nicht in der Lage, und die Mehrheit ihrer Nachkommen ist es bis heute nicht.

Wie wird sich die Erneuerungsbewegung der Lakota, Teil des Revitalisationsprozesses eingeborener Ethnien in den USA und anderswo, weiter entwickeln ? Wird "morgen" noch das Feuer für die Schwitzhütte brennen, die heilige Pfeife von Hand zu Hand wandern ? Haben diese Rituale, denen eine ehrfürchtige Beziehung zur Welt zugrunde liegt, überhaupt eine Chance, innerhalb einer kapitalistischen Industriegesellschaft zu bestehen ? - Mich persönlich erfüllt es mit tiefer Freude, wenn ich sehe, wie die Indianer ihren Traditionen Leben einhauchen. Es wäre jedoch vermessen zu glauben, auf diese Fragen eine Antwort geben zu können. Auch bin ich nicht kompetent, den Lakota Ratschläge zu erteilen; folgender Bermerkung kann ich mich allerdings nicht enthalten:

Ob und inwieweit auch in der Zukunft "indianisch" gefühlt, gedacht, gesprochen und gehandelt wird, hängt entscheidend damit zusammen, wie die indianischen Kinder erzogen werden. Die Zeiten, in denen die indianischen Kulturen innerhalb des Erziehungs-und Bildungssystems radikal verneint wurden, sind Gottseidank vorbei. Die Lakota sollten die Chance nutzen, ihre Kinder über den Schulunterricht mit ihrer Geschichte und Kultur vertraut zu machen. In der Crazy Horse School habe ich selbst mehr als gute Ansätze gesehen, und von der Little Wound School und dem Oglala Lakota College habe ich gehört, daß sie in diese Richtung gehen. Über eine Schule in Eagle Butte sagte mir jedoch ein Vater, man ließe die Kinder morgens singen, sie seien kleine Indianer, die gerne jagten und fischten, und bei dieser Farce bliebe es dann auch. In der Schule von Cherry Creek wurde der zuständige Lakota- Lehrkörper erst durch meinen Besuch dazu angeregt, seinen Schülern etwas von Wounded Knee und der Schlach am Little Bighorn zu erzählen.

Der schon zitierte, mit einer Lakota verheiratete Franzose meinte in einem Gespräch über die wirtschaftliche Situation in den Reservaten zu mir, es sei sinnlos für die Indianer, wieder in die Viehzucht einzusteigen, da der Markt gesättigt sei. Besser sei es, Bisons zu züchten, da diese zum einen zur Kultur der Lakota gehören und zum anderen einen hohen Marktwert haben. Dieser Auffassung möchte ich mich anschließen; das dafür notwendige Startkapital zur Verfügung zu stellen, wäre eine Sinnvolle Reparationsleistung des B.I.A.

"Hear me, not for myself, but for my people; I am old. Hear me that they may find the good red road, the shielding tree!...O Six Powers of the World. Hear me in my sorrow, for I may never call again. O make my people live!" rief der alte Black Elk weinend auf dem Harnex Peak in den Black Hills (Neihardt 1972: 233-234).- Die Aufsspaltung der Lakota- Nation in Gruppen und Grüppchen, wie sie im Zusammenhang mit dem Black-Hills-Fall krass zu Tage tritt, das übertriebene Festkleben am "full-blood/mixed blood"- Schema ist der gemeinsamen Sache nicht dienlich. Erst wenn "the nations hoop" (ebd.:230) wieder ganz ist, wird der heilige Baum wieder in voller Blüte stehen.

Postscriptum:

Bei den Indianern gibt es zahlreiche Geschichten über die Unverträglichkeit von Spiritualität und moderner Technik.

Beim Eintippen der letzten Textseite gab der Computer seinen Geist auf. Auf dem Monitor erschienen nur noch unzusammenhängende Zeichen und ein unvollständiger Satz:"mit ihrer Geschichte und Kultur vertraut zu machen."

Bibliographie

Amiotte, Arthur
1987   The Lakota Sun Dance. Historical and Contemporary Perspectives. In: DeMallie (ed) 1987:75-89.

Barth, Fredrick (ed)
1969   Ethnic Groups and Boundaries. London

Brown, Dee
1977   Begrabt mein Herz an der Biegung des Flusses. Hamburg/München

Buechel, Eugene
1970   Lakota- English Dictionary. Pine Ridge

Catlin, George
1851   Die Indianer Nordamerikas.(Nachdruck: Verlag Lothar Borowsky, ohne Jahresangabe)

Curtis, Edwars S.
1972   The North American Indians. Introduction by J.E. Brown. Millerton
1979   Ein Denkmal für die Indianer. Edward Sheriff Curtis und sein photographisches Werk über die Indianer Nordamerikas 1907-1930. Text von Florence Curtis Graybill und Victor Boesen. München

Daniels, Robert E.
1975 Cultural Identities among Oglala Sioux. In: Nurge 1975:198-245.

Deloria, Ella C.
1944 Speaking of Indians. New York.
Deloria Vine

Deloria, Vine
1970   Custer died for your sins. An Indian Manifest. New York.
1981   Eine fiebrige Lust. In: H.P. Duerr (Hrsg)
1981:   Der Wissenschaftler und das Irrationale. Bd.2. Frankfurt am Main.

DeMallie, Raymond J.
1971   Teton Dakota Kinship and Social
        Organisation. Ph.D. dissertation. Univ.of
        Cicago
DeMallie, R.J. and Parks, Douglas R.(ed.)
1987   Sioux Indian Religion. Tradition and
        Innovation. Norman and London.
Dorsey, James O.
1894   A Study of Siouxan Cults. Eleventh Annual
        Report of the Bureau of Amercan Ethnology.
Erdoes, Richard
1972   The Sun Dance People. The Plains Indians,
        their past and present. New York.
Feraca, Stephen E.
1963   Wakinyan: Contemporary Teton Dakota
        Religion. Browning.
Hirschberg, Walter (Hrsg.)
1988   Neues Wörterbuch der Völkerkunde
Howard, James E.
1966   The Dakota or Sioux Indians. Part III: The
        Teton or Western Dakota. Univ. of South
        Dakota Museum News 27, nos.9-10.
Hinman, E
1930-1931 Hinman Interviews. Manuscripts deposited
        at the Nebrasca State Historical Society.
Ismaellilo and Wright, Robin (ed)
1982   Native peoples in struggle. Cases from the
        Fourth Russel Tribunal & other
        international forums
Kadlecek, Edward and Mabell
1983   To kill an Eagle. Indian Views on The Last
        Days of Crazy Horse. Boulder.
Lame Deer, John Fire and Erdoes, Richard
1979   Tahca Ushte. Medizinmann der Sioux.
        München.
Lewis, Thomas E.
1987   The Contemporary Yuwipi. In DeMallie (ed.)
        1987:173-187.

Lindig, Wolfgang und Münzel Mark
1985   Die Indianer. Band I: Nordamerika. München.
Linton, Ralf
1943   Natavistic Movements. American Anthropologist 45: 230-242.
Locking Horse, Arwal
1987   The Sacred Pipe in Modern Life. In: DeMallie (ed.) 1987: 67-73.
Macgregor, Gordon H.
1946   Warriors Without Weapons. Chicago.
1975   Changing Society: The Teton Dakotas. In: Nurge (ed.) 1975:92-106.
Mails, Thomas E.
1978   Sundancing at Rosebud and Pine Ridge. Sioux Falls.
Medicine, Beatrice
1987   Indian Woman and the Renaissance of Traditional Religion. In: DeMallie (ed.) 1987:159-171.
Meekel, H.Scudder
1843   A short history of the Teton Dakota. North Dakota Historical Quaterly 10:137-205.
Mooney, James
1965   The Ghost Dance Religion and the Sioux Outbreak of 1890. Chicago and London.
Neihardt, John G.
1972   Black Elk Speaks. Being the Life Story of a Holy Man of the Oglala Sioux. New York.
Nurge, Ethel (ed.)
1975   The Modern Sioux. Social Systems and Reservation Culture. Lincoln.
Powers, William K.
1982   Oglala Religion. Lincoln/London.
1894   Yuwipi. Visions & Experience in Oglala Ritual. Lincoln and London.
1985   Besie Cornelius, Star Quilter of the Sioux. New Brunswick.

Ruby, Robert H.
1955   The Oglala Sioux: Warriors in Transition. New York.

Schmidt, Matthias R.
1980   Wenn wir gehen- geht die Welt. Indianer in den USA: Interviews und Dokumente. Lampertheim.

Schwarzer Hirsch und Brown, Joseph E.
1982   Die heilige Pfeife. Bornheim.

Schwarzbauer, Peter
1986   Der Lakota-Report. Ein Volk kämpft ums Überleben. Wyk auf Föhr.

Standing Bear, Luther
1978   Land of the Spotted Eagle. Lincoln and London.

Stands in Timber, John and Liberty, Margot
1972   Cheyenne Memories. Lincoln and London.

Talbot, Steve
1988   Indianer in den USA. Unterdrückung und Widerstand. Berlin.

Useem, Ruth Hill
1947   The Aftermath of DEfeat: A Study of acculturation among the Rosebud Sioux of South Dakota. Ph.D. dissertation. Univ. of Wisconsin.

Useem, Ruth H. and Eicher, Carl K.
1975   Rosebud Reservation Economy. In: Nurge (ed.) 1975:3-34.

Walker, James R.
1917   The Sun Dance and other Ceremonies of the Oglala Division of the Teton Dakota. Anthropological Papers of the American Museum of Natural History, vol. 16. New York.
1980   Lakota Belief and Ritual. Edited by Raymond J. DeMallie and Elaine a. Jahner. Lincoln.

1982   Lakota Society. Edited by Raymond J.
            DeMallie. Lincoln.
            Wallace, R.F.
1956   Revitalisation Movement. American
            Anthropologist 58:264-281.
Wissler, Clark (ed.)
1921   Sun Dance of the Plains Indians. New York.

Kind im Reservat. Pine Ridge Reservation.

Eagle Nest College. Pine Ridge Reservation.

In the Spirit of...-No Chew. Crazy Horse School, Pine Ridge Reservation.

Der Friedhof von Wanblee. Pine Ridge Reservation.

Eines Tages werden wir in grauen Kisten leben (Lakota- Prophezeiung). Pine Ridge Reservation.

Red Power? Pine Ridge Reservation.

Milo mit Wiegenbrett und Trommel. Pine Ridge Reservation.

Der Truthahnjäger.   Pine Ridge Reservation.

Der Powwow- Indianer   Rapid City.

Round-up in Green Grass. Cheyenne River Reservation.

Warriors of today. Cheyenne River Reservation.

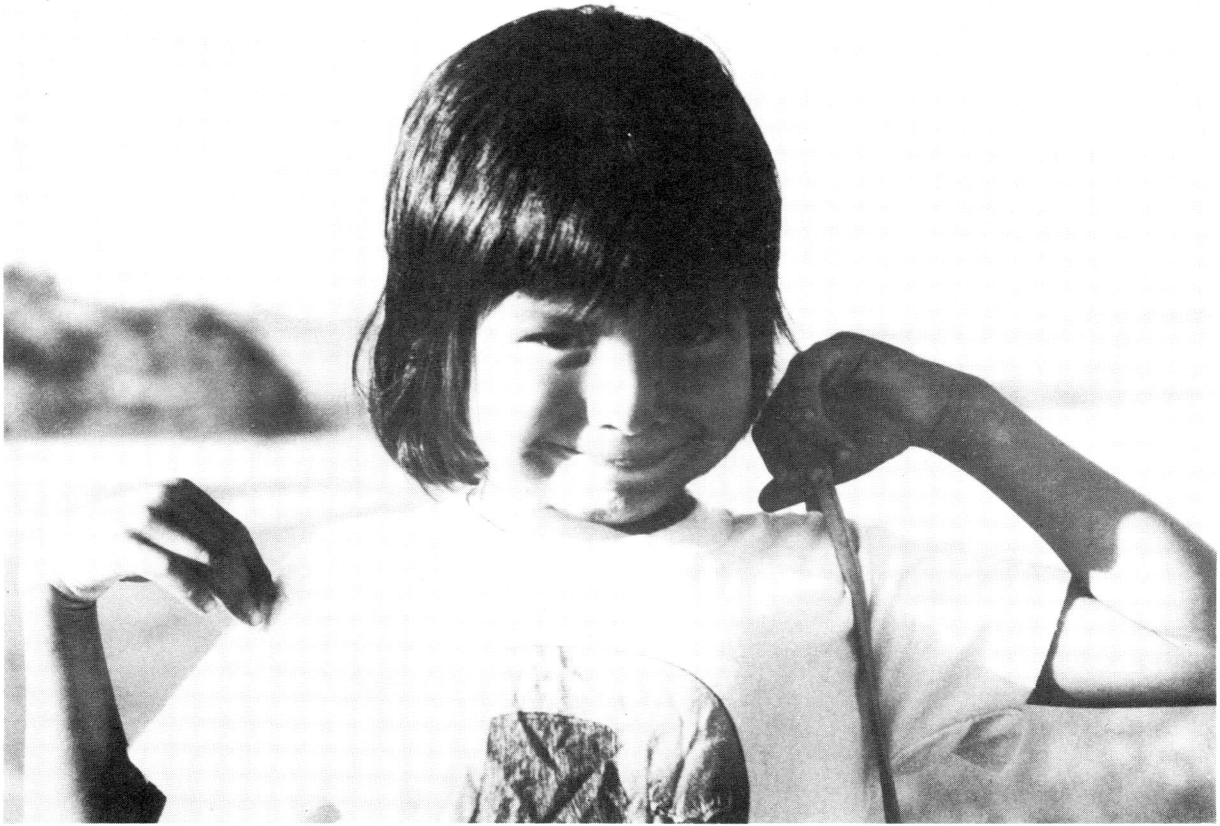

Das Mädchen Wanbli. Cheyenne River Reservation.

Indian Time Cheyenne River Reservation.

Zwischen den Welten. Cheyenne River Reservation.

Der Sonnentanzbaum von letzten Jahr.

Pine Ridge Reservation.

Schwitzhütten-Skelette. Pine Ridge-Reservation.

Sonnentanzplatz mit Schwitzhütten. Pine Ridge Reservation.

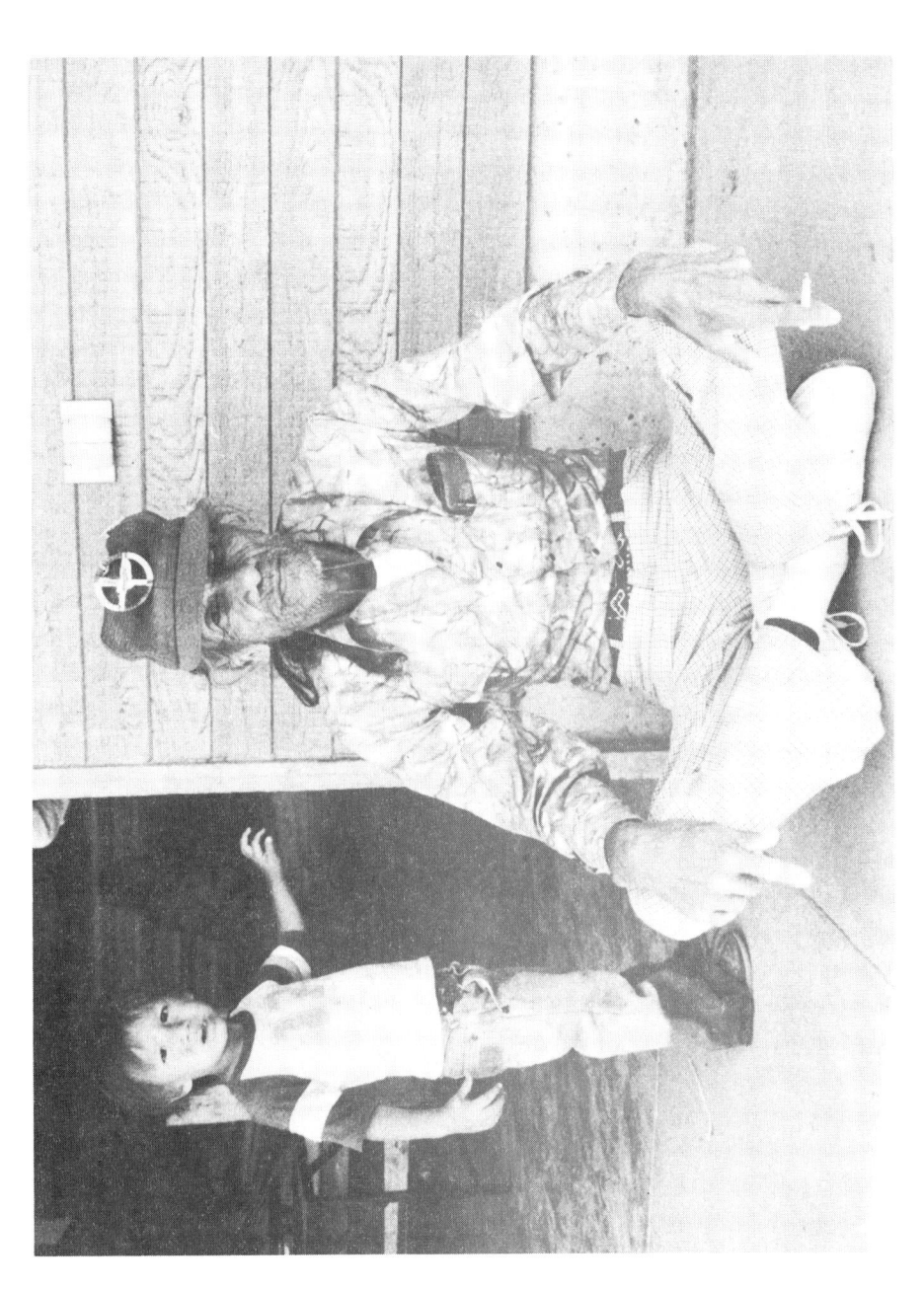

Der Medizinmann. Cheyenne River Reservation.

Tipi in den Black Hills.   Yellow Thunder Camp.

Der Liebesflötenspieler. Yellow Thunder Camp, Black Hills

Die Lakota zwischen gestern und morgen

Nachwort von Susanne Einfeld

Über die Vergangenheit dieses Prärievolkes ist viel geschrieben und berichtet worden, seine Zukunft ist so ungewiß wie die der meisten ethnischen Minderheiten auf der Welt.

Ich persönlich hatte das Glück, die Gegenwart mit den Oglala-Lakota zu teilen, eine Gegenwart, die noch immer stark durch die Schatten ihrer Vergangenheit geprägt wird, und die doch zunehmend dem Einfluß des "American way of life" zu unterliegen droht.

Die Furcht vor einer möglichen amerikanisierten Zukunft rief schon vor Jahren entschiedene Traditionalisten auf den Plan, die den Standpunkt vertraten, nur durch die Erhaltung der kulturellen Identität sei eine lebenswerte Zukunft für die Lakota zu schaffen.

Diese Einstellung findet jedoch auch ihre Gegner: Viele Indianer, die sich von der "weißen" Gesellschaft nicht mehr als Menschen zweiter Klasse behandeln lassen wollen, sehen den einzigen Ausweg in der völligen Anpassung an den Fortschritt und in der Aufgabe der traditionellen Lebensweise.

Zwischen diesen beiden Fronten bewegt sich eine schweigende Mehrheit, die weder den modernen Zeiten aufgeschlossen gegenübersteht, noch versucht, die Traditionen zu bewahren. Ob sich jemals ein Konsens finden läßt, ist nicht vorherzusagen, zumal schon jeder Ansatz zu einer Entwicklung des Stammes in eine bestimmte Richtung der Zustimmung der "weißen Obrigkeit" bedarf.

Die nordamerikanischen Indianerstämme werden bis auf wenige Ausnahmen vom US-Innenministerium betreut und bewacht. Nichts darf ohne dessen Einwilligung geschehen; in den letzten zwei Jahrzehnten haben sich jedoch einzelne Gruppen immer wieder deutlich und vehement dieser nichtgewählten Regierung widersetzt. Als Beispiele für Aktionen der Lakota seien hier die Besetzung von Wounded Knee 1973 und die Gründung des Yellow Thunder Camps 1981 in den Black Hills erwähnt.

Im Sommer 1987 führte mich der Zufall in ein weiteres politisches Widerstandscamp im Süden der "He Sapa". Eine Gruppe Oglala-Sioux trotzte dort einem Großkonzern aus Minneapolis, der im Begriff war, einen abgelegenen Canyon in den Bergen als Waffentestgebiet zu erwerben. Einige Farmer aus der Umgebung hatten sich mit den Indianern zur bemerkenswerten CIA (Cowboy and Indian Alliance) zusammengeschlossen, und nun war auf privatem Grund und Boden ein buntes Lager entstanden, zu dessen Bewohnern mehrere Lakota, zwei Apachen, ein Cheyenne und vier auf der Durchreise befindliche Weiße zählten. Wenige Meilen von hier entfernt, im umstrittenen Hell's Canyon waren eine Schwitzhütte und ein Tipi errichtet worden; letzteres sollte, weithin sichtbar und stets von vier bis sechs Personen in wechselnder Zusammensetzung bewohnt, den "Eindringlingen" als Warnung dienen.

Von all diesen Aktivitäten erfuhr ich erst wenige Tage, bevor ich selbst im Lager einzog. Eine Gruppe von Kindern kam auf mich zugelaufen und wollte gleich unzählige Fragen von mir beantwortet haben. Wer ich sei, woher ich käme und wie lange ich zu bleiben gedächte. Von ihnen erfuhr ich auch gleich den neuesten Lagebericht: Im Hell's Canyon war ein Feuer ausgebrochen und fast alle Erwachsenen waren dort, um löschen zu helfen.

"Das war sicher Brandstiftung!" behauptete die

dreizehnjährige Michelle, während sie mit zusammengekniffenen Augen die sich über den Bergen auftürmenden Gewitterwolken beobachtete, "Es wird regnen - das machen die Geister, sie helfen uns!" Wenige Minuten später goß es tatsächlich und eine halbe Stunde darauf kehrten die Helfer aus dem Canyon zurück. Man begrüßte mich kurz und freundlich und erging sich in dramatischen Schilderungen des Brandes, der Löschaktion und des plötzlich einsetzenden Gewitterregens.

Danny, der Apache, deutete mit seiner Zigarette gen Himmel: "Der Regen kam gerade Recht, Wakan-Tanka hält ein Auge auf dieses Camp!" Wie ich erfuhr gab es im Canyon nur ein schmales und fast ausgetrocknetes Bachbett; ob man ohne den Regen den Brand hätte eindämmen können schien wirklich zweifelhaft.

Erst nachdem sich die Aufregung gelegt hatte, wandte sich die Aufmerksamkeit mir zu. June, der Campgründer, ein hagerer Mann Ende Dreißig, der eine Militärkappe und eine Camouflage-Weste trug, wies mir einen Platz am Rande des Lagers zu, an dem die Kinder sofort begeistert mein Zelt errichteten.

Später, als alle um das Feuer herum versammelt saßen und sich mit starkem schwarzen Kaffee stärkten, setzte June sich neben mich. "Dies ist ein religiöses Camp," begann er ohne Umschweife, "Wir sind hier zusammengekommen, um die Waffentests zu verhindern. Wie du sicher gehört hast, sind uns 'He Sapa', die Black Hills heilig. Sie sind das Herz dieses Landes und unserer Religion. Immer wieder versuchen die 'Wasicu', die Weißen, sie uns streitig zu machen, indem sie nach Gold, Silber, Öl und Uran graben, denn sie wissen nicht was heilig bedeutet.- Wir werden mindestens so lange hierbleiben und kämpfen, bis der Konzern seine Pläne aufgegeben hat. Und dafür beten wir jeden Tag." Dann wollte er wissen was mich nach South Dakota führte. Ich erklärte ihm, daß ich gedachte, über all das, was ich hier sah und erlebte, zu schreiben. Dazu meinte er: "Daß man aus Europa hierherreist, um an unserem Kampf teilzunehmen, ehrt uns. Halte also Augen und Ohren offen, damit du zuhause berichten kannst, was hier mit den Indianern geschieht und wie sie sich wehren."-

Am Abend darauf wurde ich zum "inipi", in die Schwitzhütte, eingeladen. Unweit vom Kreis der Zelte, direkt am Bach, befand sich die große Feuergrube, in der die Steine erhitzt wurden. Von ihr führte ein kleiner schnurgerader Pfad zum Eingang der Schwitzhütte. Vor ihr war ein kleiner Altar aus Erde errichtet worden, auf dem ein Büffelschädel lag. Dahinter wehten an einem Stab Tücher in den Farben der vier HImmelsrichtungen, an dem Altar lehnte die gefüllte Pfeife. Ich gesellte mich zu den anderen Mädchen und Frauen, die dichtgedrängt um das Feuer standen.

"Wenn wir so viele sind, gehen Männer und Frauen getrennt in die Schwitzhütte," erklärte mir Michelle, "Aber manchmal sind wir nur so wenige, daß wir genausogut alle zusammen darin Platz haben. Du darfst nur dann nicht an der Zeremonie teilnehmen, wenn du menstruierst. Das bringt die Geister durcheinander, die Gebete wirken dann oft nicht, oder sie werden ins Gegenteil verkehrt!"
Dann saßen wir dicht aneinandergeschmiegt in der heißen dunklen kleinen Höhle, das Wasser zischte über die Steine und der Gesang der ersten Runde begann.-

Erst Stunden später, als wir draußen am offenen Feuer Kaffee, Eintopf und das traditionelle "frybread" zu uns nahmen, war ich in der Lage, meine

Gedanken zu ordnen. Sie waren in der Schwitzhütte, unter den eindringlichen Stimmen und Gesängen, in der betäubenden und gleichzeitig erregenden Hitze und vor den intensiven und offenen Gebeten ganz in den Hintergrund getreten; fast hatte ich das Gefühl, sie ausgeschwitzt zu haben. Ich verstand Sinn und Zweck dieses Rituals jetzt auf eine ganz neue Art, der Begriff "wie neu geboren" schien mir hier, nachdem ich mich mit den anderen im Bach erfrischt hatte, mehr als passend. Ich erinnere mich, daß jede der Teilnehmerinnen mindestens einmal für das Camp, dessen Bewohner, die Black Hills und den Erfolg der Aktion betete. Aber auch andere Sorgen wurden angesprochen: Die Frauen baten um Hilfe für die vielen Stammesmitglieder, die aufgrund eines unausgefüllten und in ihren Augen nutzlosen Daseins immer wieder zum Alkohol griffen; sie beteten für ihre Kinder, die in öffentlichen und kirchlichen Schulen für eine weiße Gesellschaft erzogen wurden, von der sie später kaum jemals akzeptiert werden würden. In diesen Gebeten wurde die oftmals hoffnungslos scheinende Lage der Lakota geschildert und beklagt, und dennoch zweifelte offensichtlich niemand daran, daß die vielen Bitten eines Tages erhört würden.

Die Bedrohung durch einen alles verschlingenden amerikanischen Mahlstrom ist heute ebenso gegenwärtig wie jene "spirits", die unzählbaren guten und schlechten Geister aus der "anderen" Welt, zu der sich die Weißen den Zugang längst selbst verstellt haben. "Wir können warten," sagte June einmal, "uns ist soviel angetan worden, unsere Geduld wurde immer wieder auf die Probe gestellt, und jetzt kann es nicht mehr so sehr viel schlimmer kommen. Wir wissen, daß wir irgendwann einmal zu unserem Recht kommen werden; wir, unsere Kinder, unsere Enkel oder unsere Urenkel, wann auch immer."

Immer wieder zogen Menschen im Lager ein; es hatte sich im Reservat herumgesprochen, daß hier kein Alkohol angerührt werden durfte, und für viele war dies Grund genug, dem tristen Alltag im Reservat eine Weile den Rücken zu kehren. Viele blieben einige Wochen, manche nur über ein Wochenende, wieder andere kamen immer wieder.

Das Camp erntete jedoch nicht nur Zustimmung. Im Stamm hielten viele June für einen rücksichtslosen Einzelgänger, der nichts weiter im Sinn zu haben schien, als sein eigenes Wounded Knee zu inszenieren und Unruhe zu stiften. Auch wurden Gerüchte in Umlauf gesetzt, jene Medizinmänner, die im Camp Zeremonien leiteten, seien weiter nichts als Scharlatane, die sich nicht mehr in die Reservate wagen durften und die deshalb ihre Wirkungskreise außerhalb finden mußten.-

Ungeachtet der Gerüchte und Intrigen hatte sich das durchaus medienfreundliche Geschehen in verschiedenen Tageszeitungen verfolgen lassen, und unterschiedliche Hilfs- und Menschenrechtsorganisationen hatten öffentlich Stellung bezogen und auf die noch immer ungeklärte Landrechtsfrage in South Dakota hingewiesen.

So ließen sich die Bewohner des Camps nicht wieder von den bösen Zungen beirren, und hielten weiterhin die Stellung. Anfang Oktober machte ein kurzer und unerwartet heftiger Schneefall die Zufahrt zum Hell's Canyon unmöglich; ein dort geplantes Treffen zwischen einigen Staatssprechern und Mitgliedern des Konzerns wurde dadurch verhindert. Wie damals, als das Gewitter das Feuer in der Schlucht löschen half, so glaubte man auch diesmal, ein Zeichen dafür erhalten zu haben, daß man auf der richtigen Seite kämpfte.

Wenige Tage später - der Winter hatte sich nach dieser kurzen Drohgebärde wieder zurückgezogen und die Temperaturen kletterten wieder auf nahezu 20 Grad Celsius - kündigte die lokale Presse an, der Konzern werde seine Pläne ändern, und sich andere, geeignetere Waffentestgebiete erschließen.

"Letztlich waren es unsere Gebete,die den Erfolg brachten!" sagte June.-

Ich denke, wenn diese Lakota nicht daran geglaubt hätten, daß ihre Gebete genug Kraft besitzen, um das Unmögliche möglich zu machen, hätte es dieses Camp nie gegeben. Vermutlich wäre ohne diesen Glauben der indianische Widerstand, der Kampf um Identität und Selbstbestimmung in diesem Jahrhundert nie mehr zustandegekommen.

Ob die Mitglieder des Stammes in Zukunft imstande sein werden, diesen Kampf gemeinsam fortzuführen, ohne sich selbst zu schwächen, ist nach dem kleinen, gemeinsam errungenen Sieg mehr als wünschenswert.